AF565077

Érik Orsenna

# *Portrait eines glücklichen Menschen*

Érik Orsenna

# Portrait eines glücklichen Menschen

*Der Gärtner von Versailles*

André Le Nôtre 1613 – 1700

*

Aus dem Französischen von
Annette Lallemand

C.H.Beck München

Der Übersetzung liegt folgende Ausgabe zugrunde:
Érik Orsenna
de l'Académie française
Portrait d'un homme heureux
André Le Nôtre, 1613 – 1700


6. Auflage 2019
Für die deutsche Ausgabe:

Satz: a.visus, München
Druck und Bindung: Pustet, Regensburg
Gedruckt auf säurefreiem, alterungsbeständigem Papier
(hergestellt aus chlorfrei gebleichtem Zellstoff)
Printed in Germany
ISBN 978 3 406 73722 0

*www.chbeck.de*

## *Inhalt*

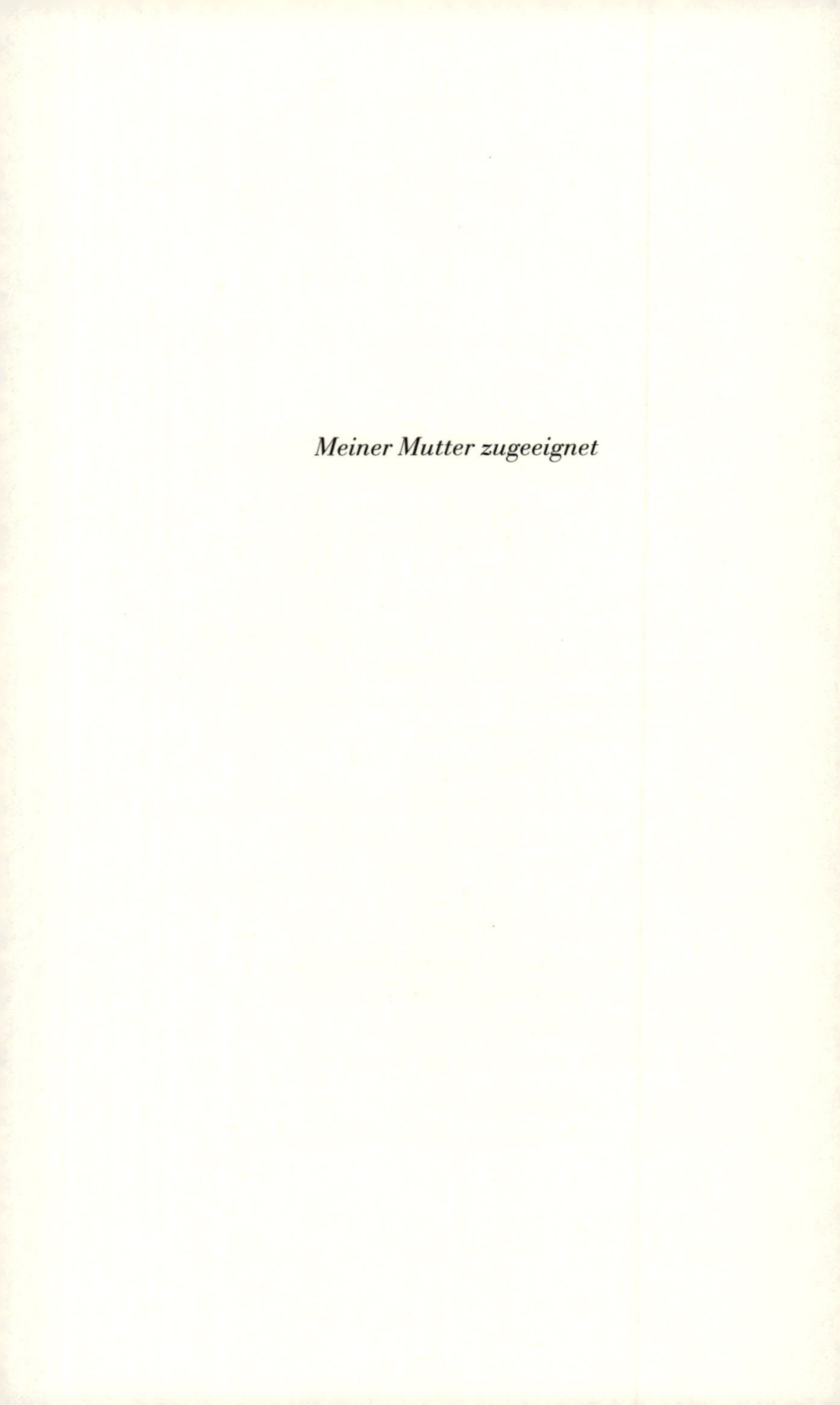

*Meiner Mutter zugeeignet*

*«Sie sind ein glücklicher Mensch, Le Nôtre»*
Ludwig XIV.

# I
## *Die Feen der Geographie*

Zur Stunde, da die Hebamme erschöpft wieder nach Hause geht in ihre Rue Saint-Nicaise und das Katzenvolk sich ihr an die Fersen heftet, weil sie so stark riecht nach Schweiß und Blut, da würgen die Japaner noch immer an ihrer Niederlage in Korea,[1] sind in Indien die Moguln an der Macht, waren aus Moskau die Polen vertrieben und der erste Romanov soeben zum Zaren ernannt, und am Bosporus, aufgeschreckt ob des Wütens Mehmeds III., der am Tag seiner Thronbesteigung neunzehn Brüder und wohl zwanzig seiner Schwestern von Taubstummen erwürgen ließ und damit alle Grenzen überschritt, war der Entschluß gefaßt worden, den Sultaninnen die Macht zu übertragen. Weiter westlich wetteifert Ragusa mit Venedig, taufen im noch ganz jungen Santa Fe Neu-Mexikos die Franziskaner Tausende von Pueblo-, Hopi-, Curac-, und Tajique-Indianern und treten an Festtagen die Flagellanten zum blutigen Wettstreit an, während rund um das brasilianische São Paulo mit seinen drei Millionen Seelen die Jesuiten die portugiesischen

Einwanderer verfolgen und hetzen, weil sie in immer größerer Zahl den Segnungen der Zivilisation abschwören und zum heidnischen Leben im Dschungel und den so reizvollen Frauen dieser Wilden überlaufen.

Frankreich, das reichste Stück Erde Europas zu dieser Zeit, liegt dennoch brach darnieder nach all den Bürgerkriegen. Man schneidet einander genüßlich die Kehle durch und nennt es Glaubensstreitigkeiten. Ludwig XIII. ist König, aber erst zwölf Jahre alt. Seine Mutter, Maria de' Medici, versieht die Regentschaft so gut sie kann und stellt die Großen durch Geldzuwendungen ruhig: ein Fünftel der Staatsfinanzen verflüssigt sich zum Schmieren von ohnehin schon reichlich beringten Händen. Keine Grenze ist sicher. Die Spanier besitzen den Norden und das Artois, die Franche-Comté und das Roussillon. Das Kaiserreich hält Elsaß und Lothringen im Griff. Nizza und auch Savoyen sind fremder Boden ...

Man war befriedet worden unter Heinrich IV., man war reich geworden dank Sully.[2] Doch Ravaillacs[3] Messerstich zerriß die Schönwetterperiode.

1613 ähnelt wieder den vergangenen schlimmen Jahren: man kämpft sich durch die Tage wie durch Wellenkämme, überwindet einen nach dem anderen und läßt ihn schleunigst hinter sich, um wieder Mut zu fassen für all die anderen, die noch folgen werden. Wer – mit Ausnahme der Eltern – sollte unter solch schwerem Himmel wohl Interesse zeigen für die Geburt von

André, Sohn von Jean, dem Sohn von Pierre, beide Gärtner ihres Zeichens?

* * *

Entzückt sind nur – über einen Plan von Paris gebeugt – die Feen der Geographie. Sie glauben, nicht ohne Grund, daß der Ort der Geburt das Schicksal bestimmt, da der dort wehende Geist doch wohl triumphiert über Tierkreiszeichengeschwätz.

Seht nur, sagen die Feen, wo dieses Geburtshaus steht! Ganz nah am Louvre, dem Königspalast, dem Sitz jedweder Macht. Der richtige Umgang mit den Mächtigen bedarf einer langen Lehrzeit. Diese unmittelbare Nachbarschaft kann dem nur zuträglich sein. Das Kind atmet die gleiche Luft wie jene und wird in ihrem Dunstkreis ihre Stimmungen begreifen lernen.

Die Augen der Feen leuchten: Was für Aufstiegsmöglichkeiten! Hurtig, laßt uns schauen, was sich da sonst noch bietet!

Der andere Nachbar ist das Feuillanten-Kloster, aber auch die große Reithalle. Gibt es eine bessere Begleitmusik für die ersten Schritte ins Leben als das Gebet der Männer und den Hufschlag der Pferde? Das eine erhebt uns über die Wolken, und der andere ruft uns auf den Boden zurück. Im Norden dann das Hôpital des Quinze-Vingt, wo die Blinden Aufnahme finden; als müßte uns gleich zweimal gesagt werden, was ein Auge wert ist. Dann ist da noch der Garten, der

Tür genau gegenüber, dieser unerschöpfliche Pflanzenkatalog, der sich auffächern wird, sobald die Beinchen des Knaben kräftig genug sein werden, ihn nach draußen zu tragen.

Kurzum: dieses Kind ist am richtigen Ort geboren, um hoch aufzusteigen und dennoch mit den Füßen am Boden zu bleiben.

Die Eltern, in die Betrachtung des Säuglings versunken, haben von alledem nichts gehört. Die Feen können nur resigniert Abschied nehmen und mit der Hebamme fortgehen. Ich sehe sie, wie sie, durch das Gewand behindert, die dunklen Stiegen hinabschreiten, enttäuscht, so wenig Beachtung gefunden zu haben, obgleich sie doch die einzigen Wahrheiten von Wert zu bieten hatten, die sich im Laufe der Zeit erst bewahrheiten. Das wird niemanden wundern. Enttäuschungen solcher Art sind das tägliche Los aller Liebhaber der Geographie.

## II
## *Ein Stück Toskana*

Die Geschichte der Tuilerien hatte sechzig Jahre zuvor begonnen.[4] Katharina de' Medici, heimgesucht von der Erinnerung an ihren Gemahl Heinrich II., getötet im Turnier nahe der Rue Saint-Antoine, mochte den Louvre nicht. Zu alt, zu grau, zu trist. Fünfhundert Meter weiter westlich, im rechten Winkel zur Seine, hatte sie sich ein Palais bauen lassen. Und vor allem einen Park. Sie war schließlich Italienerin, und schon so lange fehlten ihr die Gärten, besonders der Boboli, wo sie ihre Kindheit verbracht hatte, bevor sie in dieses düstere Frankreich kam.

Nichts ist dort: Brachland am Ufer des Flusses, dann vierzig Hektar Gehölz und Gestrüpp. Ziegelbrenner leben hier, nutzen den roten Lehm der Böschungen. Sie werden ersucht, anderswo weiterzuarbeiten. Ein Florentiner wird geholt, Bernardo de Carnesecchi und sogleich zum *Intendanten der Pflanzen* ernannt. Drei französische Gärtner werden ihm zur Hand gehen, darunter ein gewisser Pierre Le Nostre. Sie schlagen Alleen frei, säumen sie mit Sykomoren, Ulmen und

Tannen. Sie setzen Blumen und alle Arten von Kulturpflanzen. Bald schon entsprießen dem Boden Obst- und Gemüsegärten, erntet man Birnen und Kirschen, Mandeln und Orangen direkt vom Baum. Ein Stück Toskana unter dem Himmel der Île-de-France.

Um die Illusion zu vervollständigen, entwirft man ein Labyrinth von Weiden, stattet es aus mit Bänken, die auch prompt die Schweizer Gesandten weidlich empören, argwöhnen sie doch in diesen verschwiegenen Winkeln so manch böses Treiben. Auch der illustre Bernard Palissy[5] leistet seinen Beitrag mit einer «grotte rustique», rundum ausstaffiert mit Mosaiken.

Nun hat Königin Katharina wieder Geschmack am Leben gefunden. Ein Fest folgt aufs andere, mal privater, mal politischer Natur. Im September 1573 empfängt sie die polnischen Gesandten, die bevollmächtigt sind, ihrem Sohn Heinrich die Krone ihres Landes anzutragen. In einem Salon im Grünen bietet sie ihnen «das schönste Ballett, das die Welt je gesehen», voll von Überraschungen wie jener gewaltige Fels, der plötzlich erbebt, da hundert Musiker auf ihm agieren…

Auch das Volk von Paris kommt nicht zu kurz. Damit es sein Elend vergißt, spenden die Tuilerien ihm regelmäßig Wonnen, von denen jeder noch lange wie geblendet träumt.

Heinrich IV., der Béarner, wird die Florentiner Tradition fortsetzen. Auch seine Gemahlin ist eine geborene Medici. Doch schon lange vor seiner Heirat hat er begriffen, daß Frankreichs Scholle den größten Reichtum des Königreichs birgt. Ihn hatte die Lektüre des *Théâtre d'agriculture et mesnage des champs* überzeugt. Recht häufig empfängt er bei Hofe dessen Verfasser Olivier de Serres. Seite an Seite, Stunde um Stunde gehen sie über Land und besprechen die besten Anbaumethoden. Des Königs Passion sind seine Gärten. In den Tuilerien werden die Perspektiven lichter, die Alleen breiter und flutet jetzt das Wasser dank der von dem flämischen Ingenieur Jean Lintlaër erfundenen «pompe de la Samaritaine», die er an einem Pfeiler des soeben fertiggestellten Pont-Neuf befestigt hat.

Zum Schmückenden fügt sich das Nützliche, genauer gesagt, das Industrielle. Wir kaufen die Seide bei unseren Nachbarn! Das ist Abhängigkeit, unerträglich! Heinrich IV. beschließt, in den Tuileriengärten zwanzigtausend Maulbeerbäume zu pflanzen. Eine italienische Spezialistin, Giulia mit Vornamen, bemuttert die Raupen liebevoll in der soeben erbauten Orangerie.

Bei all diesen Gestaltungen sind die Le Nostres Augenzeugen und handelnde Personen zugleich: Jean legt mit seinem Vater Pierre die großen Beete an, diese «Parterre», bevor er später des Vaters Amt übernimmt. Als André auftaucht, ist die Bühne schon abgesteckt: ein Garten, der unaufhörlich verschönert wird, für die Vergnügungen der Prinzen, das Entzücken des Volkes und den strahlenden Glanz des Landes.

## III
## *Die Insel im Meer des Aufruhrs*

Im Morgenschimmer, am Ende einer recht langen Allee, die in vergangene Zeiten zurück führt, zwei Gestalten. Ein herumhüpfendes Kind und ein Mann, der spricht. Es ist Gartenunterricht. Vögel singen. Ein Hund bohrt seine Schnauze in die Erde. Der Vater führt seinen Sohn in das Universum der Pflanzen ein. Er lehrt ihn das Erkennen und Benennen, das Schauen und Riechen. Er erklärt die Nützlichkeit der Bienen, daß man von zu grünen Speisebirnen Bauchweh bekommt, daß die Jahreszeiten fortschreiten, daß man im Winter den Boden bearbeiten muß, wenn man einen üppigen Frühling haben will. Das Kind spielt mit dem Hund und tut so, als höre es gar nicht zu. Was soll die allgemeine Schulpflicht? Gibt es denn auf der ganzen Welt einen besseren Grundschullehrer als einen Vater, der alles, aber auch alles über die Natur weiß?

Schöpfen wir aus dem Vollen: den Tuilerien! Da wimmelt es von Tieren. Jemand wurde sogar zum «Gouverneur der wilden Tiere» ernannt, ein edler Titel, um deutlich zu machen, daß er der Leiter der

Menagerie ist, wo Löwen und Tiger brüllen, unterstützt von Bären und Wölfen. Den Pferden wurde der größte Raum zugestanden, eine langgestreckte Sandbahn, wo der König und die Großen trainieren für so beliebte Spiele wie das Ringstechen: wie die Kinder auf dem heutigen Pferdekarussell müssen die Reiter im Galopp einen aufgehängten Reifen mit der Spitze ihrer Lanze abheben. Man kann sich leicht vorstellen, wie der kleine André in die Händchen klatscht bei solch königlichen Wettkämpfen.

Die Feinheiten allerdings, die weiter östlich in den großen Stallungen gelehrt werden, übersteigen seinen Horizont. Dort ist Reiten als Möglichkeit der Fortbewegung längst in andere Sphären übergewechselt: es wird kultiviert wie eine der Schönen Künste. Eine Akademie wurde eröffnet. Dort wird außer Reitkunst auch Geometrie und Musik gelehrt. Pferdekunde gilt in damaliger Zeit als eines der Kriterien für Zivilisation. Ein Jahrhundert später wird François de la Guérinière einen regelrechten Codex der Reitkunst veröffentlichen, der auch heute noch als Maßstab gilt.

Der Rest des Tuileriengartens ist Jagdgebiet, denn auch Jagen ist eine Leidenschaft der Edelleute. Noch ganz jung lernt Ludwig XIII. die Grundlagen des Jagens. Man lehrt ihn, wie man zu Pferde auf Wildschweine oder Rehe losstürmt, wenn nicht gar auf Wildkatzen. Wurde die Familie Le Nostre Zeuge der Szene, die das Königskind zum Weinen brachte? Seine

Lieblingshunde waren von einem Löwen zerfetzt worden. Schleunigst griff man auf harmlosere Sportarten zurück, auf das Armbrustschießen oder die Falkendressur.

* * *

Diese bukolischen Grausamkeiten sind nur Kavaliersdelikte im Vergleich zu den Stürmen von Gewalt, die Paris regelmäßig heimsuchen. Die von Gräben und hohen Mauern geschützte Enklave der Tuilerien gleicht einer schwimmenden Insel im Meer des Aufruhrs, der in der Stadt tobt.

Gleich jenseits der Mauern beginnt die Bühne, auf der man sich Schlachten liefert. Von den Massakern der Bartholomäusnacht (1572) bis zum letzten Wüten der Fronde (1653) vergeht kein Jahr, ohne daß das Waffengedröhn auch ans Ohr der Le Nostres gelangt, die sich vorsichtshalber in ihrem ideal gelegenen Haus in unmittelbarer Nachbarschaft der Paläste verschanzen. Der Vorwand für die Kämpfe wechselt: mal ist er religiöser, mal feudaler Natur, doch das wahre Motiv bleibt dasselbe, der Kampf um die Macht. Und so geht der Bürgerkrieg immer weiter: die Franzosen zerfleischen sich ohne Unterlaß. Naturgemäß kommt es in der Hauptstadt des Königreichs zu den schlimmsten Zusammenstößen. Noch lange hallen in den Ohren der Pariser die Schreie und das Pferdegetrappel einer gewissen Augustnacht wider, haben sie die Horrorvisionen vor Augen, diese Tausende von Protestantenleichen, Adelige oder Ladenbesitzer, die auf den Straßen herumliegen oder die Seine hinab treiben, den Bauch gen Himmel, wie um ihn zu schmähen. An diesem Tag war ihr Fluß rot. Aber ebensowenig vergessen haben sie die Belagerung ihrer Stadt durch Heinrich IV., diesen unaufhörlichen Ansturm seiner Truppen und das Schreckensregiment, das die Liga führte. Und den Hunger, der sie peinigte.

1610 entfacht der mörderische Wahn Ravaillacs das Feuer von neuem. Der Kleine braucht nur die Ohren zu spitzen oder trotz elterlichen Verbots einen Blick zu wagen durch die geschlossenen Fensterläden. Er wächst heran und hat immer nur Anarchie vor Augen: Duelle, Prügeleien, Aufstände … das übliche Bild unter seinen Fenstern. Der Jüngling Ludwig XIII. (fünfzehneinhalb Jahre alt) wird ihm Besseres bieten: im Louvre selbst, also direkt nebenan, gibt er plötzlich Befehl, den Günstling seiner Mutter zu ermorden. Drei Pistolenladungen, und aus ist's mit Concini, diesem verhaßten, gierigen und tyrannischen Marschall. Die Menge beklatscht diese Neuigkeit, das Fest dauert die ganze Nacht. In Saint-Germain-l'Auxerrois entdeckt man das frische Grab, gräbt den Leichnam aus, haut ihn in Stücke, prügelt sich um die Brocken, hängt die einen, verbrennt die anderen … Vielleicht keimt an jenem Tag in der Seele des Winzlings André (vier Jahre alt) ein Gefühl auf, das dem Bedürfnis nach Ordnung und Maß ähnelt.

Zumal zwischen diesen Gewaltausbrüchen der Alltag in der Stadt auch kein Zuckerschlecken ist und die kleinste Wegstrecke zum Abenteuer gerät. Dieses gewundene Geflecht von Gebäuden, diese beklemmend engen Gassen, wo zwei Kutschen nicht aneinander vorbei fahren können, all diese Dachfirste, die in den Himmel vorkragen, dieses ewige Knirschen der Metallschilder, die einem an den Schädel hauen, diese schlammigen und oft genug verstopften Abflußrillen in der Mitte der Chaussee, diese trotz aller Verbote sich türmenden Müllhaufen, Rattenparadies und Seuchen-Brutstätte, alle diese Mantelräuber und Gauner übelster Art, die sich zu Hunderten herumtreiben... So sieht sie aus, die bevölkerungsreichste Stadt der Christenheit (dreihunderttausend Seelen), die all ihre Besucher nur bewundern und besingen!

In der Tat, die Lage des Hauses Le Nostre, mit dem Rücken zu Paris und dem Gesicht zu den Tuilerien, ist höchst verheißungsvoll: für Raum und Horizont, die die Stadt verschlingt, wird man hier durch den Garten hundertfach entschädigt. Das unbändige Bedürfnis nach Perspektive, das ein ganzes Leben bestimmen wird, sehe ich hier aufkeimen im Kopf eines Kindes, das sich an der Ecke zweier krummer Gassen in die Enge getrieben sieht und zu ersticken vermeint.

## IV
## *Die Leidenschaft für die Perspektive*

Paolo Uccello war des Nachts aus dem Ehebett verschwunden. Seine Frau wachte auf – durch die Leere –, lief ins Atelier und rügte ihn sanft ob dieser sich so häufig wiederholenden Flucht.

«Oh, welche Wonne, dieser Fluchtpunkt!» war die einzige Antwort des Malers.

* * *

Einhundertfünfzig Jahre nach diesen schlaflosen italienischen Nächten ist die Passion für die Geometrie noch nicht erloschen.[6] Das beginnende XVII. Jahrhundert sei gerühmt! Der Wissensdurst findet Verbreitung. Monat für Monat schießen wie Pilze nach den Bürgerkriegsgewittern gelehrte Gesellschaften aus dem Boden. Die Schar um den Pater Mersenne[7] begeistert sich für die Naturwissenschaften. Dieser Sohn eines Landmanns war 1588 geboren. Nach dem Studium an der Sorbonne tritt er in den Bettel-Orden der Minimen (Fratres minimi) ein, gleich hinter der Place Royale (die heute Place des Vosges heißt). Ohne je seine Klausur zu verlassen, führt er einen regen Briefwechsel. Tage und Nächte, die Gott werden läßt, schreibt er an die Gelehrten Europas. Aus Fragen und Antworten, aus Streitgesprächen und Erörterungen entsteht allmählich ein neues Weltverständnis.

Descartes, Stammgast im Minimenkloster, ist sechsundzwanzig Jahre alt, als ihm die Erleuchtung kommt: die Mathematik ist die Sprache des Universums. Man braucht doch ihrer Logik nur Schritt um Schritt zu folgen und entdeckt die Gesetze, die die Natur beherrschen. Dieser Aufruf zur allgemeinen Anwendung der Vernunft, selbst zum Beweis der Existenz Gottes, bricht mit den überkommenen scholastischen und theologischen Gewohnheiten.

Auch Pascal kommt ins Minimenkloster. Für ihn gibt die Vernunft keine Antwort auf sämtliche Fragen. Am Ende des Intelligenzparcours bleibt doch immer noch ein nicht zu zerschlagender Kern von Angst und Zweifel. Auch ins perfekteste Ordnungssystem mischt sich etwas Barockes hinein, diese trostlose Fröhlichkeit.

Und wie immer werden die Gärten die Metaphysik ihrer Epoche spiegeln.

* * *

Jean Pèlerin, der Viator genannt (1435–1524), litt an der gleichen Krankheit wie Uccello. Wenn seine zahlreichen Aufgabenbereiche als Kanonikus, Diplomat und Ratgeber König Ludwigs XI. ihm ein wenig Muße beließen, versenkte er sich in die Geheimnisse des Zeichnens. Im Jahre 1505 erachtete er sein Wissen als ausreichend, um vierzig Holzschnitte vorzulegen, auf denen Gebäude wiedergegeben und mit je zwei achtfüßigen Versen kommentiert sind: *De Artificiali Perspectiva* wurde somit zum ersten bekannten Traktat über die Perspektive. Auf dieses grundlegende Werk folgen zahlreiche Handbücher für Handwerke verschiedenster Art, zu Tischlerei und Einlegearbeit, zum Behauen von Steinen, zur Gnomonik (Lehre von den Sonnenuhren)... Auch der Garten wird nicht vergessen. Die Bücher von Jacques Androuet Du Cerceau (*Les Plus Excellents Bâtiments de France*, 1576) sowie von Salomon de Caus (*La Perspective avec la raison des ombres et des miroirs*, 1612) werden zu Bibeln jeglichen Unterrichts.

Dies ist die Ausbildung, die Le Nôtre erhält.

Der Unterricht Pater Bourdins im Collège de Clermont (dem späteren Louis-le-Grand) spiegelt sehr deutlich den Zeitgeist:

«Der Mathematikunterricht gliedert sich in sechs Hauptfächer: Arithmetik, Geometrie, Musik, Ingenieurskunst oder Mechanik, Optik und Cosmographie (damalige Bezeichnung für die Geographie)... Die Geometrie beinhaltet: die spekulative, die praktische, die resolutive, die effektive, die respektive, die militärische, etc.

1. *Die spekulative* berücksichtigt die Natur der geometrischen Figuren und Körper;
2. *Die praktische* entwirft alle Arten von Figuren;
3. *Die resolutive* sucht anhand einiger bereits bekannter Teilstücke sämtliche *Dreiecks*formen und Figuren zu erfassen;
4. *Die effektive* wendet *die resolutive* an, um *Höhen, Entfernungen, Ausdehnungen*, die Breite eines Flusses oder eines Feldes zu ermessen;
5. *Die respektive* schafft Figuren und Körper *ähnlich* denen, die man ihr zeigt, und in der gewünschten *Proportion*;
6. *Die militärische* findet Anwendung bei der *Befestigung* von Plätzen und Orten.»[8]

Welch schöne Epoche, da zum Mathematikunterricht, der auf echte geistige Allgemeinbildung und gleichzeitig auf das praktische Erlernen abzielte, auch noch das Musikstudium gehörte!

In diesem Klima wird die Perspektive, die viel mehr ist als ein bloßer Wissensgegenstand, zu einer Art Religion, die Leidenschaften entfesselt. Und nach altbewährter französischer Sitte würde man ihretwegen einander an die Gurgel gehen.

Girard Desargues[9] (1593–1662) ist Architekt und lebt in Lyon. Verärgert über den Wust von Traktaten, die anstelle einer brauchbaren Darstellungsmethode häufig nur – nach Kochbuchmanier – einen ungeordneten Haufen von Rezepten anbieten, schlägt er ein Theorem vor, das auf alle Arten von Figuren zutrifft: «Wenn zwei Dreiecke ihre Spitzen von einem Punkt o an gereiht haben, dann schneiden sich die ihre Seiten verlängernden Geraden in zwei beziehungsweise drei Punkten in der Reihenfolge A, B und C.» Wenn Ihnen Mathematik widerstrebt, dann merken Sie sich nur, daß auf diese Weise jede räumliche Figur auf zwei Dimensionen zurückgeführt werden kann. Die Perspektive hat ihren Schlußstein gefunden.

Bedauernswerter Desargues!

Kaum publiziert, wurde seine Studie auch schon plagiiert, und zwar von einem bekannten Jesuiten, dem ehrwürdigen Pater Du Breuil. Der arme Lyoneser plakatierte seinen Protest an die Mauern von Paris – doch vergebens. Man kämpft nicht mit gleichen Waffen, wenn die Societas Jesu im Ring steht. Desargues mußte noch mehr erdulden. Ein gewisser Curabelle nimmt ihn aufs Korn. Wiederum plakatiert er: «Die Schande des Sieur Curabelle.» Replik: «Die jämmerliche Schwäche des Sieur Desargues ...»

Die Kontroverse sollte erst mit dem Tod der Kontrahenten ein Ende finden.

## V
## *Das große Zusammenspiel*

Katharina de' Medici hatte geplant, den Louvre mit ihrem neuen Tuilerien-Palais zu verbinden. Nur fünfhundert Meter trennten die beiden Gebäude. Diese «Ufergalerie» an der Seine entlang würde – so dachte sie – Schutz bieten gegen mögliche Unwetter. Und wäre vor allem auch ein heimlicher Fluchtweg, wenn abermals Unruhen in Paris aufloderten. Ihr Tod im Jahre 1589 hatte die Arbeiten unterbrochen. Kaum war Heinrich IV. in seine Hauptstadt eingezogen, ließ er das Vorhaben schleunigst wieder aufnehmen – in weit ehrgeizigerem Maßstab. Am 1. Januar 1608 wird die längste Galerie Europas eingeweiht. Sie hat vier Stockwerke und endet in einem Pavillon, der Flore getauft wird und das Palais des Tuileries abrundet.

Im Erdgeschoß sind Soldaten untergebracht, doch schon ins Halbgeschoß beruft Heinrich IV. Künstler und Handwerker, die sich im Königreich Ruhm erworben haben. Auch vielversprechende Talente werden geholt. Jedem bietet er hier Wohnung und Werkstatt. Innerhalb weniger Wochen zieht alles, was in Frankreich erfinderisch und schöpferisch tätig ist, mit Pinseln und Sägen, mit Stichel und Drehbank in den Louvre ein. Diese Dauerausstellung wird für die Pariser bald beliebtestes Ausflugsziel. Und so hat das Kind Le Nôtre, als es das Licht der Welt erblickt, nicht nur einen Garten vor der Türe, der ihm die Natur nahebringt. Schon ein paar Schritte weiter bietet sich ihm eine lebendige Enzyklopädie, ein Sammelsurium von Wissen und Fertigkeiten, die Tag und Nacht nicht abebbende Betriebsamkeit in Ateliers und Werkstätten, und von allem immer nur das Beste. In ohrenbetäubendem Lärm wird dort entworfen und gehobelt, werden Edelsteine gefaßt und poliert, wird geschraubt, vermessen, angepaßt, werden Skulpturen gemeißelt, wird potraitiert... Während ein Haufen Gaffer, unter die sich auch ab und zu Käufer mischen, lautstark begutachtet, Fragen stellt, feilscht und sich belustigt.

Neben den herkömmlichen Künstlern und Handwerkern – Maler, Juweliere, Kunsttischler, Uhrmacher, Schlosser – holen Heinrich IV. und seine Nachfolger einen neuen, für diese wissensdurstige Epoche charakteristischen Berufszweig herbei: die Ingenieure. Diesen Weg hatte Leonardo da Vinci aufgezeigt mit seinen genialen Entwürfen (Archimedische Schraube, Sturmpanzer, Paraboldrehturm und die unzähligen Maschinenmodelle: zum Schmieden, zum Karden von Tuch, zum Weben, zum Holzschneiden, zum Auskippen von

Erdaushub …). Seine geistigen Erben, Amateur-Wissenschaftler allesamt, kommen zum Louvre und führen dort ihre neuesten Erfindungen von «mathematischen Instrumenten»[10] vor. Einer von ihnen genießt schon einen gewissen Ruf bei Landschaftsgestaltern, Gärtnern und Militärs. Sein Name ist Philippe Danfrie, er ist der Erfinder des Graphometers.

Dieses Instrument nutzt die Gesetze der Geometrie und der Dreiecksketten zur Messung der Entfernungen zwischen den verschiedenen notwendigen Punkten eines Raumes. Der Graphometer besteht aus zwei komplementären Geräten. Der *observateur* ist ein horizontaler Zirkel, ausgestattet mit Sichtklappen und auf einen Fuß montiert. Man pflanzt ihn in den Boden und schaut. Der *rapporteur*, ähnlich dem Winkelmesser aus unserer Schulzeit, überträgt die Beobachtungen aufs Papier, vor allem die Öffnung der Winkel, die Basis aller Berechnungen.

Jedes Kalenderjahr liefert seinen Beitrag an Neuheiten, die sich die Leute vom Fach unter keinen Umständen entgehen lassen würden.

So wird auch Versailles im Louvre vorbereitet. Die Berufsgruppen lernen miteinander zu arbeiten, in gegenseitiger Wertschätzung. Freundschaften entstehen, die ein Leben lang halten werden. Als Ludwig XIV. dann sein Pharaonenprojekt in Angriff nimmt, stehen seine Handwerkertruppen schon abrufbereit.

Bis sich ein solches Zusammenspiel von Theoretikern und Praktikern aller Wissensgebiete, eine solche von Hierarchie und Mißgunst freie Mischung aus Wissenschaftlern, Künstlern und Handwerkern nochmals einstellt, wird erst Diderot kommen müssen mit seiner *Enzyklopädie*. Aber was sind Schriften und Entwürfe im Vergleich zur Atmosphäre in der «Ufergalerie», diesem Jahrmarkt der Intelligenz, dieser Schrankenlosigkeit zwischen Geist und Hand, dieser Verbrüderung von Kunst, Wissen und Handwerk, diesem Traum vom «kompletten» Menschen?

* * *

Die Lehrlinge folgten ihren Meistern auf dem Fuße und bevölkerten das Palais. Sie kennen die Vorgabe Heinrichs IV.: fünf Jahre harte Arbeit im Louvre bedeuten den Meisterbrief und somit das Recht, seine Arbeitsstätte frei zu wählen, nach eigenem Gutdünken.

Im Alter von fünfzehn oder sechzehn Jahren gesellt sich André Le Nôtre zu diesem turbulenten, aber auch arbeitsbesessenen Völkchen. Er beginnt im Atelier von Simon Vouet.

Das 1590 geborene «Wunderkind» Simon Vouet reist bereits im Alter von vierzehn Jahren als Portraitist von hochgestellten Persönlichkeiten durch Europa und in die Türkei: Bald schon (1611) läßt er sich in Rom nieder, dem Künstlerparadies, wo Mäzene und Familien mit großen Namen sich den Rang ablaufen, damit er geruhe, ihre Bestellungen anzunehmen. Diese sind vor allem religiöser Art: Kreuzigungen, Marienerscheinungen… Als Ludwig XIII. von diesem Talent Wind bekommt, ruft er ihn nach Paris zurück und logiert ihn im Louvre.

Bald schon strömen angehende Künstler zu Hauf in sein Atelier. Großzügig leitet er sie an und läßt sie teilhaben an seinem gewaltigen Arbeitspensum, denn ihm obliegt die Innenausmalung fast aller in Paris zu dieser Zeit entstehenden Stadtpalais. Bei ihm lernen sie auch Vorlagen für Wandteppiche zu zeichnen, eine Kunst, die Vouet mit großem barocken Atem wieder wachgerufen hat durch lebendige Farbgebung und freie Motivgestaltung.

In diesem Atelier knüpft Le Nôtre enge Freundschaften, vor allem mit einem gewissen Charles Le Brun, der Lehrling ist wie er selbst. Sechs Jahre wird er im Louvre bleiben, eine lange Zeit der Stetigkeit für einen jungen Mann. Ein Zeichen für Ausdauer, aber auch für wahre Leidenschaft. Maler oder Gärtner? Nun gilt es, sich zu entscheiden, auch wenn es noch so schwerfällt. Die Familientradition erweist sich als stärker. In diesem Jahrhundert widersetzt man sich ihr nicht. Es gibt ein ehernes Gesetz, wie beim Adel, so auch bei den Gärtnern, und auch diese Dynastien sitzen fest im Sattel.

## VI
## *Rhizom und Broderie*

Die Verfügung Ludwigs XIII. trägt das Datum des 26. Januar 1637:

Angesichts der guten und lobenden Beurteilung, die uns vorgelegt wurde zur Person unseres *teuren und liebenswerten* André Le Nostre sowie im vollen Vertrauen auf seine unbestrittene *Pflichttreue, Redlichkeit und Erfahrung im Gartenbau*, seinen Fleiß und seine Zuverlässigkeit, haben wir aus diesen und anderen uns bewegenden Gründen gewährt und bewilligt, was wir nun mit diesem eigenhändig unterfertigten Schreiben ausdrücklich gewähren und bewilligen, will sagen, den Berufsstand und die Charge des Hofgärtners für unsere Tuileriengärten, die bisher Jean Le Nostre, sein Vater innegehabt und ausgeübt hat, welcher zu Gunsten seines Sohnes zurücktrat, sofern dieser ihn überlebt. Somit erteilen wir dem sieur de Congis, Hauptmann besagter Tuilerien, die Anweisung, besagtem André Le Nostre, sofern er ihm ein *Leben in Anstand und Gesittung gemäß katholisch*-apostolischer Religion bescheinigen kann und von ihm den hierfür erforderlichen und üblichen Eid erhalten hat, ihm in unserem Namen persönlich die Bestallungs- und Besitzurkunde besagter Charge als Gärtner unserer bereits erwähnten Tuileriengärten auszuhändigen und solches auch amtlich zu registrieren.[11]

Lange noch werden bestimmte Familien über die Tuilerien herrschen und sich dort entfalten wie Rhizom. Jean Le Nostre war Nachfolger seines Vaters Pierre und übergibt das Amt an seinen Sohn André. Elisabeth, Jeans Tochter, heiratet Pierre Desgots, ebenfalls Gärtner seines Zeichens. Ihr Sohn Claude wird später André beerben, dessen Kinder früh starben. Françoise, Jeans zweite Tochter, wird Simon Bouchard ehelichen, der für die Orangerie verantwortlich ist. Und als Gott diesen Simon der Liebe der Seinen entzieht, wird besagte Françoise sich unter Mithilfe ihrer zwei Töchter der königlichen Orangenhaine annehmen … Gleiches trifft zu auf die Familie Mollet. Über vier Generationen werden sie das Amt innehaben. Und die Frau von Claude, dem Stammvater, wird Patin sein von … André Le Nôtre.

Rhizom: vom griechischen *rhizoma*, laut Wörterbuch «Wurzelstock, Wurzelmasse: unter oder dicht über der Bodenoberfläche ausdauernder, aufrecht oder waagerecht wachsender Sproßteil einer Staude.»

* * *

Um im Louvre zu zeichnen, hatte André sich vom knapp zweihundert *toises* (knapp 400 Meter) weit gelegenen Elternhaus eigentlich nicht entfernt. Und nun kehrt er mit vierundzwanzig Jahren heim und nimmt aus den Händen des Vaters die Schlüssel des Parks entgegen. Ein Le Nôtre hat den anderen abgelöst. Nichts hat sich geändert. Die Arbeiten und die Tage ähneln wie Brüder denen, die er von Kindheit kannte.

Zur Frau nimmt er sich Françoise, die Tochter von François Langlois, «conseiller ordinaire de l'Artillerie de France». Festungs- und Gartenbau, Poliorketik und Botanik. Die Verfahrensweisen werden «en famille» wohl verglichen. Sie sind nicht sehr unterschiedlich. Seit der Entwicklung des Geschützwesens ist Festungsbau zum großen Teil Landschaftsbau.

Zwanzig Jahre nach Le Nôtre erblickt Vauban[12] das Licht der Welt. Aber die Strategen haben nicht ihn abgewartet, um alte Festungskonzepte über den Haufen zu werfen. Schluß mit den zinnenbewehrten Stadtmauern, den hohen Türmen und Donjons – viel zu verwundbar durch Kanonenkugeln. Schon seit langem graben sich die Grundmauern der Befestigungsanlagen tief in den Boden und richten sich nach dessen Vorgaben. Auch über diese Frage haben die Jesuiten gründlicher nachgedacht als andere: der Traktat des ehrwürdigen Paters Fournier faßt das Wissen der Zeit zusammen.

Ein erstes Kind wird geboren, Jean-François. Ein erstes Kind stirbt. Zwei weitere werden von Gott geschenkt und von Ihm sofort wieder genommen. Auf das Blut darf man sich nicht verlassen, um ein Erbe zu hinterlassen. Von früh bis spät gärtnert Le Nôtre. Das heißt, er zeichnet und gibt Anweisungen. Zu Schubkarre und Pflanzholz greifen andere. Le Nôtre entwirft «Stickmuster».

Die «Broderien» der Blumenparterre sind keine Erfindung der Neuzeit. Bereits die Renaissance delektierte sich daran. Und das XVII. Jahrhundert ist versessen auf diese Arabesken, in denen sich zwei seiner Leidenschaften verflechten lassen: die Vorliebe für alles Pflanzliche und alles Schmückende. Auf der Île Notre-Dame gibt es einen Lehrgarten. Dort lernt man die Pflanzen zu klassifizieren und zu benennen. Dort suchen die Damen und ihre Stickmeister sich ihre Modelle.

Muß er seine Ungeduld zügeln, der Mann, der diese weiten Räume in sich trägt, die seinen Ruhm ausmachen werden? Nichts deutet darauf hin, höchstens wenn er gegen Ende seines Lebens eine gewisse Verachtung für derlei Stilübungen bekennt. Le Nôtre, sagt Saint-Simon, hielt nicht viel von derlei Parterre, von diesen Teilen des Gartens, «in denen man niemals spazieren geht, [die] nur für die Ammen gut sind, die, weil sie die Kinder nicht allein lassen dürfen, dort mit den Augen spazierten und sie vom zweiten Stock aus bewunderten». Man versteht, warum ihm dieses Geschnörkel im Magen lag. Zwanzig Jahre lang hatte André Le Nôtre damit zugebracht, Buchsbaum zu verstricken.

## VII
## *Eines Tages wird mein Prinz kommen*

Ohne Auftraggeber bleibt das vom Gärtner Ersonnene tote Materie. Um den Traum zu verwirklichen, bedarf es des Raumes und des Geldes. Mehr als jede andere Kunstform ist die Gartenkunst abhängig von gutem Willen und üppigem und dauerhaftem Geldfluß.

Stufe um Stufe erklimmt Le Nôtre die Leiter der Hierarchie, wird 1648 *Zeichner der königlichen Pflanzungen und Gärten* und 1656 *Kontrolleur der Gebäude*. Er erweitert sein botanisches Wissen, besucht weiterhin die Ingenieure in der Galerie des Louvre, trifft die größten Architekten der Zeit, unter ihnen den absolut besten: François Mansart. Und er wartet ab. Wartet, wie man es besser nicht tun kann: ohne Ungeduld, ohne verzehrenden Neid, ohne genau zu wissen, worauf er wartet, in die tägliche Arbeit vertieft. Doch im Grunde seines Herzens wurzelt eine Hoffnung. Daß der Ehrgeiz eines Mächtigen ihm erlauben möge, eigene Maßstäbe zu setzen.

Sein Ruhm wächst, und ein paar private Auftraggeber lassen sich von ihm ihre Anwesen verschönern.

Noch sind es Projekte von geringer Tragweite, eher Gelegenheiten, die Fingerfertigkeit zu üben und den Alltag aufzubessern (denn die königliche Entlohnung ist nicht gerade fürstlich). Gaston d' Orléans ersucht ihn, Hand anzulegen in seinem Parc du Luxembourg. Variationen über ein von anderen entworfenes Thema. Wie in den Tuilerien. Ein wohlgefälliges Zeichen von Wertschätzung, doch frustrierende Unterwerfung.

Die Freundschaft ist es, sie wird dem Schicksal die Türe öffnen.

Trotz seines langen Rom-Aufenthaltes hat Charles Le Brun Le Nôtre niemals vergessen. Die gemeinsamen Erinnerungen an ihre Zeit bei Simon Vouet in der Grande Galerie du Louvre binden sie für immer aneinander. Und nun bietet sich eine Gelegenheit, von neuem zusammenzuarbeiten. Es geht nicht darum, Seite an Seite die alten Meister zu kopieren wie früher. Jetzt sollen sie selbst ein Meisterwerk schaffen.

Ich habe ihn gefunden, den Mächtigen, nach dem du suchst, sagt Le Brun. Er hat fünfhundert Hektar gekauft. Le Vau baut das Schloß. Ich übernehme die Ausmalung und die Skulpturen. Auf dich warten die Gärten: mit dem Erdaushub wurde soeben begonnen.

* * *

Der Mann, der das Königreich und seinen König beeindrucken will, ist ein Seigneur, der aufgeschlossenste und brillanteste von allen. Und allein schon sein

Name Fouquet, «Eichhörnchen» in der Mundart Westfrankreichs, deutet auf Rücklagen, auf Reserven hin. Sein ihm von Mazarin 1653 übertragenes Amt des Oberintendanten der Finanzen bestätigt diesen Vatersnamen.

Fouquet ist ein genialer Seiltänzer. Wie kein anderer versteht er es, über dem Abgrund zu balancieren. Nichts liebt er mehr, als dem Bankrott ein Schnippchen zu schlagen. Er jongliert von morgens bis abends. Für den Staat und für sich selbst. Hundertmal hat er mit atemberaubenden Tricks eine vom Krieg und den Bürgerwirren ausgezehrte Staatskasse vor dem Konkurs gerettet. Sein Privatvermögen ist genau so gigantisch wie seine Schulden. Ein fragiles Gebilde, aber was soll's? Seine Fähigkeit, Geld aufzutreiben, die keine Grenzen kennt, erlaubt ihm jeglichen Spleen.

Vor Mazarin ist er auf der Hut, dessen Gunst ist flatterhaft. In der Hoffnung, eines Tages von gleich zu gleich mit seinem Wohltäter verhandeln zu können, kauft er unermüdlich Land in der Bretagne. Bald gehören ihm von Saint-Brieuc bis Rosporden, von Dol bis Concarneau ganze Landstriche. Und Belle-Île, das er als Markgrafschaft erwirbt. Und insgeheim zur Festung ausbaut. Die Krönung seiner «bretonischen Schanze», die ihm später die Anklage wegen Rebellion und Majestätsbeleidigung einbringen sollte.

Da sein Rückhalt im Westen gesichert ist, kann er sich ganz darauf konzentrieren, zu gefallen und zu glänzen. «Unersättlich, was die Damenwelt anbetrifft», wie Abbé de Choisy es formulierte, gönnt er sich noch weitere Wonnen. Er schart einen illustren Kreis von Wissenschaftlern und Schöngeistern um sich, der seinesgleichen sucht: Scarron, Scudéry, Corneille, Molière, Perrault, La Fontaine, Quinault – sie alle sind Stammgäste auf seinem Landsitz in Saint-Mandé.

Fünfundzwanzig Jahre zuvor hatte Madame de Rambouillet solch erlesenen Zeitvertreib vorexerziert. Man fand sich in ihrem Palais ein, um galant zu plaudern, so manches zu erfahren, zu lachen und die Freundschaft als die edelste aller Künste zu pflegen. Vor allem aber kam man wegen der Freizügigkeit, um der «häßlichen Ordnung» zu entgehen, die Richelieu dem Louvre und ganz Frankreich aufgezwungen hatte. Vincent Voiture, der zu Unrecht mit dem Fluch des Vergessens gestrafte Dichter, war «die Seele dieser Runde». Dieser Lebenskünstler hat keinerlei Spuren hinterlassen, höchstens in den *Historiettes* von Tallemant des Réaux. Oder in den Büchern von Marc Fumaroli, der uns wie kein anderer zu den verschütteten Schätzen der Vergangenheit führt, die unsere Epoche beschämen. Dem großherzigen, bezaubernden, aufmerksamen Fouquet war es also gelungen, einen der Marquise de Rambouillet ebenbürtigen «Kreis» um sich zu scharen.

Doch dieser Kreis von Dichtern und Denkern genügt ihm nicht. Ein Ort soll seine Herrschaft bezeugen.

So wird die Idee für Vaux geboren. Eine Prachtentfaltung, die sein Untergang sein wird. Und Le Nôtres große Chance.

* * *

So manch später Erfolg ähnelt einer Opernouverture. Schon in den ersten Takten wird alles gesagt. Man hat zu lange gewartet, um unvorbereitet zu sein. Hat zu lange vergebens gehofft, um nicht zu wissen, wie selten und wie flüchtig das Glück ist: bietet sich dann endlich die Gelegenheit, sein Können unter Beweis zu stellen, liefert man sich aus mit Haut und Haar.

So ging es Le Nôtre mit Vaux. Er ist bereits vierzig Jahre alt, als Fouquet ihm seine Gartenanlagen anvertraut. Er wird sein Bestes geben: Eine Gesamtschau seiner Kunst und zugleich ein Meisterwerk. Das Meisterwerk des «Jardin à la française». Weit entfernt von den Karikaturen der Nachahmer. Man hält ihn für langweilig, durchschaubar, glaubt ihn mit einem Blick zu enträtseln, dabei legt er es gezielt darauf an, die Überraschungen zu dosieren. Man hält ihn für erstarrt, versteinert, ewig gleich, dabei sind seine Wasserspiegel bevorzugte Wohnstatt des Ephemeren. Man hält ihn für steif, eisig, inhuman, dabei ist seine sorgfältig angelegte Perspektive die tröstlichste aller Landschaften. Man hält ihn für einen Feind der Natur, dabei führt er ein Zwiegespräch mit dem, der zu verstehen sucht.

Beginnen wir unseren Spaziergang und überlassen wir uns dem Augenschein: er wird sich stets als trügerisch erweisen.[13]

Schreiten wir, mit dem Rücken zum Schloß, auf die Reihe der Grotten dort hinten zu, mit all ihren Statuen. Die Hauptallee erscheint Ihnen geradlinig? Erster Irrtum: Sie verbreitert sich allmählich, um den Effekt der Fluchtlinien und ihre Tendenz, den Horizont einzuengen, zu korrigieren. Der Raum erscheint Ihnen eben? Zweiter und dritter Irrtum: zweimal führt Sie Ihr Weg auf Terrassen, die Wasserbecken kaschieren. Artig und in Augenhöhe harren Ihrer zumindest die Grotten. Schon wieder zweifache Täuschung: Einen Schritt weiter, und Sie würden ins moosgrüne Wasser eines sehr langen Kanals tapsen, der einen Augenblick zuvor noch nicht zu erkennen war. Und Ihre Grotten – die lächeln Ihnen aus einer Mulde her zu. Mit einem Anflug von Schulmeisterei gemahnen sie inmitten des Blättergeraschels an Euklids Lehrsatz zu Theorem 10 der Optik: «Die entfernteren Teile der unterhalb des Auges liegenden Ebenen erscheinen höher gelegen.»

Leicht verärgert über all Ihre Irrtümer, schlendern Sie nun um den Kanal herum, gestützt auf eine Gewißheit: die Skulpturen, die lassen sich schließlich nicht wegleugnen, die sind etwas Unbestreitbares und Solides. Der letzte Scherz: Was da als antiker und feierlicher Marmor prunkt, ist bei genauerem Hinsehen vulgäre Kalksteinkonkretion in Form von sieben Stalagmiten. Von rechts und links beäugen Sie allerdings zwei imposante Figuren. Sollten Sie sie nicht erkannt haben, entgeht Ihnen die letzte Ironie: Die eine ist der Nil, der Gott aller Flüsse, und die andere die Gottheit des winzigen, von tausenden spatenbewehrten Händen in einen Kanal umgewandelten Flüßchens Anqueuil.

Der Spaziergang hat nur eine halbe Stunde gedauert, und dennoch sind Sie völlig verunsichert.

Was nun das Schloß anbetrifft, das sich, wenn man sich umwendet, zur Gänze in den Wassern spiegelt, so bedarf es nur eines Windstoßes, und schon ist es als Bau mit Hab und Gut, mit Rotunden und Kuppeln, den hohen Fenstern, den Ochsenaugen und Kaminen versunken.

Schwindel befällt Sie, die Verwirrung vor Masken und Verkleidungen, eine Art Taumel. Sie fühlen sich beschwingt, weniger eingezwängt in sich selbst. Es fehlt nicht viel, und Sie schlüpfen aus Ihrer Haut, Gott weiß wem entgegenschwebend. Der «Beichtstuhl» erwartet Sie auch schon, drei steingefaßte Rundbögen, zu Schäferspielen ladend. Ringsum Wald, den nichts vom Park trennt. Alleen durchziehen ihn als Lichtschneisen, man muß nur ihrem Ruf folgen. Der Klassizismus hat nichts von der Bravheit, die man ihm nachsagt.

Auch die Liebe ist ein sich Vortasten von Augenschein zu Augenschein, bis hin zur nackten Haut, deren Körnung auch nicht so ist wie erwartet. Beklagenswert ist, wer – ob Garten oder Frau – keine Überraschung bereithält für den Besucher.

Nun kehrt wieder Friede ein. Sie haben das Vertugadin erreicht, das Rasen-Amphitheater, das über den Kanal vorkragt. In der Ferne, fast schon am Horizont, beschützt Sie der Farnesische Herkules, während ein Springbrunnen, die Fontäne, sich mit der Sonne vergnügt. Jetzt haben Sie genug von all diesen Überraschungen und dürfen der Muße pflegen. Genießen Sie das Spiel der Linien und das Echo der Hänge, die einander zurufen von einem Ende zum andern und einander auch antworten. Hebungen und Senkungen dringen an Ihr Ohr, es ist wie ein Chor, wie eine Harmonie der Formen, die stumme Musik, die nur das Auge erfaßt.

*Orte, die um ihrer Schönheit willen*
*ich für verzaubert hätte halten können,*
*wenn es Vaux nicht gäbe auf dieser Welt.*

La Fontaine

* * *

Fünf Jahre unaufhörlicher Mühen, zwanzig Kilometer Rohrleitungen und neun Kilometer Laubengänge, dafür arbeiten in einträchtigem Zusammenspiel bis zu zehntausend Mann vor Ort … Sägen, Pinsel und Spaten sind noch am Werk, als am Spätnachmittag des 17. August 1661 die Karosse Ludwigs XIV. durch die Einfahrt des Gittertors rollt. Fouquet erwartet ihn, und mit ihm der gesamte Hofstaat. Ein Fest beginnt, das erlesenste des Jahrhunderts. Es wird acht Stunden dauern. Es ist der Wettstreit der Künste, der Besten jeder Sparte, Theater, Musik und Tanz, Malerei, Mobiliar und Marmor, Gärten und Springbrunnen, Tafelfreuden und Feuerwerk, Skulpturen und Gewandung...

*In Vaux gab jeder sein Bestes*
*zum Vergnügen des Königs,*
*die Musik und die Wasser, die Lüster, die Sterne...*

Und von Wunder zu Wunder verzehrt besagter König sich in wachsendem Neid. Dieser Luxus demütigt ihn, diese Anmut erschlägt ihn, diese Kanäle, diese Fontänen, diese Kaskaden peinigen ihn: Versailles hat kein Wasser.

La Fontaine schildert es seinem in Rom weilenden Freund Maucroix, mal in Prosa, mal im Vers.

> Es gab ein großartiges Souper, eine hervorragende Komödie, ein höchst ergötzliches Ballett und ein Feuer, das dem fürs Entree in nichts nachstand.

*Es war eine einzige Sinnenlust*
*ein Fest der Schönheiten, ein Genuß*
*würdig des Ortes, würdig seines Herrn*
*und würdig Ihrer Majestäten*
*wenn so etwas denn möglich wär'.*

Um zwei Uhr nachts, als Ludwig XIV., schäumend vor Wut, aufbrechen will, geht ein schreckliches Gewitter nieder und tötet zwei Pferde.

> Ich hätte nicht geglaubt, daß diese Beziehung ein solch tragisches und solch klägliches Ende nehmen würde.

Zwanzig Tage später greift La Fontaine erneut zur Feder, wiederum für Maucroix:

> Ich kann dir nichts zu alledem sagen, was du über meine Angelegenheiten schriebst, mein lieber Freund; sie treffen mich längst nicht so wie das Unglück, das dem Oberintendanten kürzlich widerfuhr. Er wurde festgenommen, und der König ist aufgebracht gegen ihn, und das so sehr, daß er behauptet, Beweise in Händen zu haben, die ihn an den Strang bringen werden.

Am 5. September hatte d'Artagnan, Leutnant der «Graubärte», erste Musketierkompagnie, auf schriftlichen Befehl Ludwigs XIV. Fouquet in Nantes verhaftet.

* * *

Kaum sitzt Fouquet im Gefängnis, läßt Ludwig XIV. plündern. Die Möbel, die Bilder, die Bücher, die Tapisserien, ja sogar die Statuen rollen auf planenbedeckten Karren und mit bewaffneter Eskorte davon, dem weidlich bekannten Ziel entgegen. Auch die Männer geraubt, die gesamte Mannschaft. Ab Herbst findet man sie in Versailles wieder. Le Vau, der Architekt; Villedo und Bergeron, die Bauunternehmer; Le Brun, der Maler; Girardon, Augier, Lourant, die Tischler; La Quintinie, der Gartenbauer... Auch Le Nôtre gehört zur Beute. Bereitwillig, geblendet. Was ist schon ein jonglierender Oberintendant im Vergleich zum König von Frankreich?

* * *

Ist Le Nôtre je nach Vaux zurückgekehrt? Dort roch es nach Schwefel, der mißgünstige Monarch hatte überall Spione, und unser Gartenmeister hatte Vorsicht gelernt... Dennoch will ich mir eine Rückkehr vorstellen, gegen Ende seines Lebens.

Ein alter Mann geht auf das Wunderwerk Kanal zu. Er schreitet in der ihm eigenen vollendeten Langsamkeit dahin. Er weiß besser als jeder andere, daß alles weitere des von ihm Geschaffenen Erläuterung seines Erstlingswerks ist. In Versailles hat er den Maßstab gewechselt. In Chantilly das Wasser ins Blickfeld gerückt. In Saint-Cloud intensiver mit der Komplexität des Ortes gespielt... Doch das Thema all dieser Variationen, ihre Grammatik, waren schon in Vaux angelegt.

Also findet unser Besucher vielleicht doch noch, bevor er nach Versailles und zu seinem Freund, dem Sonnenkönig, zurückkehrt, insgeheim ein Wort des Dankes für das Eichhörnchen?

VIII

## *Die Politik des Blicks*

Versailles beginnt lange vor Versailles. Die Wurzeln dieses Traums muß man Ende der vierziger Jahre suchen, als ein ganzes Volk in Wut und Zorn das Königreich zu erschüttern beginnt. Die Großen wehren sich gegen den königlichen Absolutismus und das allmähliche Schwinden ihrer Einkünfte. Wer Ämter innehat, sträubt sich gegen den fortschreitenden Aufbau einer echten Staatsmacht, die Privilegien beschneidet. Wer im Parlament sitzt, lehnt die von Mazarin verfügten Maßnahmen ab und träumt davon, die Regierung kontrollieren zu dürfen. Und das verarmte, armselige Volk bäumt sich auf gegen den knebelnden Druck der Steuerforderungen (die sich in fünfzehn Jahren vervierfacht hatten). Und als all diese Widerstände sich zusammenballen, kommt es zum Eklat: die Fronde ist da. Die Revolte artet aus in Meuterei, und die Straßen von Paris erwachen eines Morgens gespickt von Barrikaden. Eine drohende Menge schiebt sich vor zum Palais-Cardinal (dem heutigen Palais-Royal). Kein Graben ist da, um es zu verteidigen. Mit knapper Not wird die Katastrophe abgewendet. Ludwig XIV. ist gerade zehn Jahre alt. Die Furcht vor seiner Hauptstadt nimmt von ihm Besitz, und hinzukommt ein tief wurzelnder Abscheu vor derlei Unordnung. Beides wird er nie abschütteln können.

Und die Tumulte gehen weiter. Es ist der 6. Januar 1649, drei Uhr früh. Marschall Villeroy weckt den kleinen Ludwig, kleidet ihn im Dunkeln an und nimmt ihn auf den Arm. Durch eine Geheimtür verlassen sie das Palais-Royal und besteigen eine Kutsche, in der Anna von Österreich, seine Mutter, schon wartet. Sie hat beschlossen, sich nach Saint-Germain zurückzuziehen, das von einem ihrer Getreuen, dem Prinz von Condé, geschützt wird. Am frühen Morgen ziehen also Mutter und Sohn in das düstere und leere Schloß ein. Da niemand mehr herkam, hatte man das gesamte Mobiliar entfernt. Kein Holz für die Kamine, keine Laken für die Betten, keine Scheiben in fast der Hälfte der Fenster, obgleich die Seine Eisbrocken führt.

Die großen Lebensentwürfe, die meistens Revanchen sind, werden in der Kindheit erdacht. Man darf ruhig wetten, daß der Traum von Versailles in Saint-Germain geboren wurde, in jenem frostigen Winter: Eines Tages werde ich der Sonne ein Schloß bauen, eines Tages werden die Großen, all diese hochmütigen Großen des Reiches herbeiströmen, um mir ihre Reverenz zu erweisen und mit ihren Federhüten den Boden vor mir fegen.

* * *

Ein langes Jahrzehnt später hat die Bühne sich gewandelt. Der Premierminister ist tot und der Oberintendant im Gefängnis. Ein junger Mann von fünfundzwanzig Jahren will beweisen, daß er König ist. Den Großen war der Schrecken in die Glieder gefahren beim Donnerwetter in Vaux, sie haben die Lektion begriffen. Auch Europa beginnt ihn zu fürchten. Und ein «Carrousel» wird es dem Volk jetzt zeigen. «Carrousel», *carrus solis*: der Sonnenwagen.[14]

Das Schauspiel findet in den Gärten der Grande Mademoiselle[15] statt, zwischen dem Louvre und dem Palais der Tuilerien, vor den Tribünen, auf denen sich fünftausend Privilegierte drängen. Und ganz Paris («kein einziger ist daheim geblieben», hieß es an jenem 5. Juni 1662) ist auf den Beinen, die Masse wälzt sich den Parcours entlang, um nichts von diesem Aufzug zu verpassen: sechshundertfünfundfünfzig Reiter, mit Helm und Federbusch, in fünf Brigaden aufgeteilt. Die erste, die «Römer», führt der König an. Seine Imperatorrobe ist goldbestickt und mit Diamanten übersät. Seinen silbernen Helm krönen feuerrote Federn, aus denen vier Reiher hervortreten. Der Wappenschild zeigt eine Sonne und die Devise *Ut vidi vici*: ich sah und siegte.

Die anderen Brigaden stehen an Wahnwitz dem nicht nach. Monsieur[16] führt Perser an, mit Kappen aus blutrotem Satin und weißen Federn. Der Prinz von Condé präsentiert seine Türken, in silber, blau und schwarz. Sein Sohn, der Duc d' Enghien, ist Herrscher von Indien, braun ist sein Gefolge, herausgeputzt in gelb und schwarz. Den Schluß des Defilees bildet der Duc de Guise mit seinen «Wilden Amerikas». Er ist als Fisch gewandet, Silberschuppen am Körper, Kiemen an den Manschetten, korallenrot der Helm. Sein Pferd trägt als Rüstung ein Tigerfell, in das grüner Samt eingewebt ist. Der Schildknappe wurde von einem langmähnigen Drachen verschlungen. Der Page hat sich in einen Affen verwandelt. Ein Trupp Satyrn, auf Einhörnern reitend, rundet das Bild ab...

Paris bejubelt diese Reiteroper. Man sinkt in Ohnmacht vor Entzücken. Innig liebt man diesen Monarchen, der so etwas Großartiges zu inszenieren weiß, kein Zweifel: er ist der Herr der Welt.

Drei Tage lang messen sich diese fünf Reiterstaffeln. Turniere, Quadrillen, Ringstechen. Eine unvergeßliche Parade des Abschieds vom Feudalherrentum. Ein politisches Meisterwerk, aufgebaut aus Menschenkenntnis. Ihre Eitelkeit nutzend, hat Ludwig die Großen gezwungen, das Schauspiel ihrer Unterwerfung selbst vorzuführen. Unter Vivat-Rufen zeigt und reckt der Duc d' Enghien immer wieder seinen Wappenschild. Darauf ist ein Planet gemalt und die vier Worte: *Magno de lumine lumen* («Licht, das von einem größeren stammt»). Die Devise der Untertanentreue.

* * *

Die Großen hatten nur Augen für sich selbst. Ludwig XIV. wird ihnen ein Schauspiel bieten, das ihnen gar keine Gelegenheit läßt, den Blick von ihrem König abzuwenden. Im Schatten und dank der Entfernung ihrer Provinzen hatten sie Pfründe angehäuft und so mancherlei Machenschaften ausgebrütet. Einige wird er in den Ruin treiben; andere mit Wohltaten überschütten. Das Vermögen jedes einzelnen darf nur von Seinem Wohlwollen abhängen.

Und vor allem kettet er sie an Seine Residenz, dort haben sie zu wohnen, damit Er sie nie mehr aus den Augen verliert. Sie blicken auf Ihn, Er auf sie: das Auge wird zur entscheidenden Waffe der Politik. Die erste Pflicht eines Höflings wird sein: sich blicken zu lassen, von morgens bis abends. «Ein Blick, ein Wort des Königs, der damit eher geizte, waren kostbar und erregten Aufmerksamkeit und Neid», schreibt Saint-Simon und bedauert: «Seine Blicke fielen nur zufällig auf mich.» Die von José Cabanis[17] zitierten *Memoiren* Primi Viscontis verdeutlichen Ludwigs Trick: «Wenn der König sich herabläßt, jemanden eines Blickes zu würdigen, dann hält dieser sein Glück für gemacht und prahlt mit dem Satz: ‹Der König hat mich angeblickt.› Sie können sich darauf verlassen, daß der König ein Schlaumeier ist! Wie viele entlohnt er nicht mit einem Blick!»

Le Nôtre kann sich nur freuen über ein derartiges Primat des Auges. Ist ein Garten nicht eine Augenweide?

* * *

Am 3. Februar 1663 wird das Kulturministerium aus der Taufe gehoben. An diesem Tag[18] schart Colbert[19] vier Vertrauensleute um sich: Charles Perrault, der im Augenblick noch eher unlustig bei seinem Bruder Pierre, dem Generalkontrolleur der Finanzen, arbeitet und in seinen ausgedehnten Mußestunden Gelegenheitsgedichte und Stücke in Versform schreibt, die dem König gefallen haben. Jean Chapelle ist ein alter Hase der Literaturkritik. Ein gewisser Amable de Bourzéis ist Theologe. Und der Abbé Cassagne ist Prediger. Ihm überträgt Colbert die erste, höchst wichtige Aufgabe: die Auswahl der Inschriften und Embleme für die königlichen Bauten und sämtliche Medaillen. Das erklärt, wieso aus dieser «kleinen Akademie» später «Die Akademie der Inschriften und schönen Künste» wurde.[20]

Sehr bald schon bekommt dieses Quartett eine neue Aufgabe, sie ist allgemeinerer Natur: Die Propaganda. Die Kunst und die Künstler müssen auf den König eingeschworen werden.

Die kleine Akademie versammelt sich zweimal pro Woche, immer dienstags und freitags bei Colbert. In der Zwischenzeit vergibt sie Aufträge, korrigiert, kontrolliert und honoriert, immer nach Maßgabe von Perrault.

Die kleine Akademie herrscht über die großen und setzt dort ihre Gewährsleute ein: Lully an der Königlichen Akademie für Tanz, Le Brun an der Akademie für Malerei und Bildhauerei, den ehrwürdigen Pater

Du Hamel an der Akademie der Wissenschaften (1666). Perrault selbst übernimmt die 1634 gegründete Académie française. Er hält auch *die Liste* in Händen, jener sechzig bis achtzig Glücklichen, die in den Genuß königlicher Freizügigkeit kamen. Für die Künstler die einzige Überlebenschance in einer Zeit, die das Urheberrecht noch nicht kennt.

Literatur, Malerei, Bildhauerei, Musik, Medaillen mit Königsportrait[21] – dies alles liefert Mosaiksteine für den Ruhm, aber der Garten kann sie alle einbeziehen in eine große Mythologie. Und diese einem Raum aufprägen, wo jeder spazierengeht. Und auch in den Zyklus der Zeit setzen: Von Saison zu Saison, eine ewige Bildlegende.

Ich will Sie für Versailles haben.

Kann man sich die Trunkenheit eines Sterblichen vorstellen, dem ein solcher Auftrag erteilt wird? Eine Bestellung vom König persönlich, nicht nur von einem Allmächtigen, sondern – da das XVII. Jahrhundert keine Trennung von Macht und Sakralem kennt – von einer leibhaftigen Gottheit! Und der Garten, den er entwerfen soll, ist der der Monarchie schlechthin. Er soll also zeichnen und dabei die neue Geschichte des Königreichs und seine Verbindung zum Himmel veranschaulichen… Schwindelerregende Vorstellungen, die wohl so manche Seele erschüttern würden.

* * *

Eines Tages im Jahre 1983 sah ich Ieoh Ming Pei aus François Mitterands Büro kommen. Der Präsident der Republik hatte ihm soeben den Louvre überantwortet, damit er daraus «das schönste Museum der Welt» mache (Bescheidenheit war französischen Politikern schon immer fremd). Mein Lebtag werde ich die runde Brille und das kindliche Lächeln des Chinesen nicht vergessen. Ich begleitete ihn bis zum Tor. Er schien zu schweben. Einen leichteren Besucher dürfte der Kies im Hof noch nicht erlebt haben.

Nun stelle ich mir Le Nôtre vor nach seiner Audienz beim König. Der Mann, der an jenem Abend durch die Alleen nach Hause geht, nimmt nicht den geraden Weg. Er weicht ein wenig ab. Die einzige Möglichkeit, den inneren Frieden wiederzufinden. Er geht an den Seineufern entlang, wo Lastenträger «streiken», mit anderen Worten «die Segel streichen», weil sie auf Arbeit warten müssen, das Beladen oder Entladen eines Schiffes. Er läuft ein wenig gen Westen, wo er als Kind «im Busch» seine ersten Hasen und Wildschweine sah. Er grüßt die Vögel in der Voliere und macht einen Abschiedsbesuch bei den Blumenparterren, die jede ihrer Knollen ihm verdanken. Wehmut und Stolz bekämpfen einander in seinem Herzen. Er bittet seine geliebten Tuileriengärten schon jetzt um Verzeihung für langwährende Untreue, die ihn andernorts binden wird.

## IX
## *Ein Buch von tausend Hektar*

Die Gelehrten und die Künstler waren einbestellt worden, um Mythos herzustellen. Also rühren und rühren sie auf kleiner Flamme, wie in einem riesigen Kessel, verrühren Gegenwart und Antike, Historie und Legenden, Homer, Ovid und die Zeitgenossen, die Religionen von gestern und die Offenbarung…

Aus dieser Hexenküche mit den gewissenhaft angewendeten Rezepturen wird der Sonnen-König entstehen. Ludwig XIV. ist der Sohn Gottes, er ist der Gesalbte des Herrn, er ist Christus, mehr nicht. Selbst Bossuet[22] überschreitet diese Grenze nicht. Er sagt den Königen dieser Erde: «Ihr seid Götter», er kann schließlich nicht sagen: «Ihr seid Gott».[23] Da die Rolle Gottes (leider) vergeben ist, spielen wir eben den obersten der Götter, das heißt Apollo, Sohn des Zeus und der Latona, den chronisch verliebten, den unermüdlichen Verführer der Nymphen, den Meister von Musik und Tanz, den Wahrsagekünstler, den unerschrockenen Jäger von Drachen, Satyrn und Zyklopen, den großen Gestalter weltumspannender Harmonie.

Das Schlafgemach des Monarchen im Herzstück des Schlosses ist gleichzeitig Herzstück des Parks (und Mittelpunkt der Welt), es ist der magische Ort, wo sich die Nord-Süd-Achse des Wassers mit der Ost-West-Achse der Sonne kreuzt. Dank Ludwig-Apollo stimmen die beiden konträren Elemente sich aufeinander ein.

Die Geschichte des Wassers beginnt am Schweizer-Becken und endet an dem des Neptun, dem Beschützer Latonas. Zwischen diesen beiden Endpunkten werden sozusagen kapitelweise bestimmte Themen behandelt: die Tritonen und die Sirenen, die die Krone hochhalten, die Anmut Dianas, der Schwester Apollos, die abstoßende Häßlichkeit des Pythondrachens, von Apollo zermalmt...

Der Sonnenzyklus folgt der Königsallee in der Mittelachse des Schlosses und zieht sich den Großen Kanal entlang. Da werden die Fabeln und Allegorien aufgebaut: Latona, die angriffswütige Bauern in Frösche verwandelt, oder Apollo, der eigenhändig seinen Wagen mit den vier stürmischen Pferden lenkt, der Gott des Lichts, der gleich losstürmen wird zu seiner täglichen Rundfahrt.

Auch die Boskette senden Botschaften aus, die die Großen nachdenklich stimmen sollen. So zum Beispiel «L'Encelade» (1676). Der arme, uns eher unbekannte, den Menschen des XVII. Jahrhunderts aber wohlvertraute Enkelados: er ist einer der Giganten, die es wagten, sich gegen Zeus aufzulehnen. Hier sieht man ihn:

trotz seiner Größe zerquetscht von einem Haufen Felsgeröll. Frondeurs, folgt meinem Auge; wohl dem, der zu schauen weiß!

Über das Statuenvolk herrscht der Maler Le Brun. In engem Einvernehmen mit dem König und Colbert wählt er die zu gestaltenden Themen aus und verteilt die Aufträge an die Künstler, allesamt Mitglieder der Akademie, um sicherzustellen, daß sie die doppelte Zielsetzung, die ästhetische und die politische, nicht außer acht lassen. Girardon, Le Hongre, Desjardins, Coysevox... sie alle haben den strengen Auftrag, zur Sublimierung Ludwigs beizutragen, indem sie seinen Garten mit mythologischen Heroen bevölkern. Diese werden, wenn auch unbeseelt, ihren Beitrag zur Glorifizierung liefern: Antinoos, Merkur, Venus, Bacchus, Pluto. Dazu kommen Kaiser, die Vorfahren des französischen Monarchen im Sinne von Allmächtigkeit: Alexander, Augustus, Septimus Severus.

Wenn der Natur gehuldigt wird, dann will man zeigen, daß man sie am kurzen Zügel führt: Jagdszenen, Darstellungen von Flüssen und Strömen jeglicher Größe, von der Loire über die Saône bis zum Loiret.

Und um die Morallehrstunde abzurunden, verkörpert man in Marmor die Gefühle, die Tugenden und die menschlichen Schwächen: die Treue (von Lefèvre), die Verschlagenheit (von Le Conte)...[24]

* * *

Versailles ist ein Park und in gleichem Maße *ein Buch*. Die Bibel, durch die der Gott-König mit allen nur verfügbaren erzählerischen Mitteln (Allegorien, Exkursen, Geheimnissen, Überraschungen) und unter Einbeziehung aller göttlichen, menschlichen oder animalischen Figuren sich selbst schildert und sich selbst erzeugt.

* * *

An manchen Tagen langweilt Versailles, trotz aller Begeisterung. Zu viel Weite erschlägt. Zu viel Leere zwischen den Bäumen, zu viel Stille in den zu breiten Alleen. Diese Langeweile entsteht aus Unbildung. Aufgrund unserer Ignoranz wandern wir durch ein amputiertes Kunstwerk. Wie in einer Oper, in der die Sänger sich die Lunge aus dem Leib singen und keine einzige Arie an unser Ohr dringt. Ihr armen Fontänen, ihr armen Marmorstatuen, deren Erzählungen wir nicht mehr verstehen! Sie hätten uns vielleicht den Absolutismus schmackhaft gemacht. Denn Le Nôtre und seiner Mannschaft gelingt dieses Wunder: die Verbindung subtilster Kunst und unverfrorenster Propaganda. Gibt es etwa noch einen in so hohem Maße politischen Garten? Nur der Mandschukaiser Quianlong stürzte sich im XVIII. Jahrhundert mit seinen beiden Sommerpalästen Yiheyuan und Yuanmingyuan in ein ähnliches Unterfangen: die irdische Macht als Herzstück einer Kosmogonie. In China ist es zwar kein Sonnengott, aber ein Sohn des Himmels, wohnhaft im Palast des Wohlwollens und der Langlebigkeit ... Wie es heißt, schufteten mehr als einhunderttausend Matrosen-Arbeiter an der Vergrößerung des Kunming-Sees. So wird eher verständlich, daß die Chinesen von allen Parks der Welt nur Versailles nicht mit Verachtung strafen.

* * *

Zwanzig Jahre lang nutzt Ludwig XIV. Versailles zur Selbstdarstellung. Dort baut er eine Legende auf, in die er hineinschlüpft und aus ihr heraus bezaubert, betört und fesselt. Das ist das Ziel der ewigen Feste. Eines von ihnen, glanzvoller als das von Vaux und symbolträchtiger als das «Carrousel» des Jahres 1662 in Paris ist nicht nur ein Schwelgen in Luxus und Überfluß, sondern ein meisterliches politisches Lehrstück. Die berühmten «Plaisirs de L'île enchantée»[25] beginnen am 7. Mai 1664. Eine ganze Woche lang werden diese Zauberkünste die sechshundert nach Versailles geladenen «Privilegierten» blenden. Alle Sinne werden betört, in nie gekanntem Maße (Fouquets Prozeß geht seinem Ende zu, nun gilt es, den prunkliebenden Intendanten für immer ins Vergessen zu verbannen). Sinnenfreuden aller Art: Musik, Tanz, Reitkunst, Tafelgenüsse, Feuerwerk, Fontänenspielerei, Theater, Verkleidung. Vergnügen für die Zuschauer, Vergnügen für die Teilnehmer an jeglicher Art von Wettstreit. Doch nichts geschieht ohne Berechnung. Alles birgt eine Botschaft. Und die Summe ergibt eine Ideologie.

Das Grundthema ist einer Episode von Ariosts «Orlando furioso» entlehnt. Jetzt und für alle Zeit gilt es, dem König zu huldigen, der Quelle allen Lichts (sein Kostüm funkelt vor lauter Edelsteinen). Es gilt, das Goldene Zeitalter zu grüßen, das über das Eiserne triumphiert. Es gilt, jedermann deutlich zu machen, daß von nun an allein die Monarchie die Herrschaftsriten beansprucht. Es gilt, ein modernes Frankreich vorzuführen, und seinen neuen Reichtum (Colbert wacht darüber). Jedes Konzert, jedes Ballett, jedes Defilee ist eine Erklärung oder eine Warnung. Tag um Tag verdeutlicht und verdichtet sich auf der verzauberten Insel all das, was der König zu sagen hat. Bis zu jenem 12. Mai, da in diesem betörend schillernden Universum das schwarze Gewand Tartuffes auftaucht. Der Blitz geht auf die Höflinge nieder. Der König warnt: er verabscheut Heuchelei, vor allem, wenn sie sich mit Religion verbrämt.

Man kann sich leicht vorstellen, daß nach Beendigung all dieser Wunderwerke sämtliche Zauberkünstler, die ihr Bestes gegeben haben, sich erschöpft und beglückt um den König scharen. So auch Le Nôtre. Und seine Majestät lächelnd sagt: «Jetzt wissen sie, wer ich bin!» Die Politik des Blicks ist fixiert, und Versailles ist ihr Rahmen. Von Fest zu Fest wird sie augenfällig gemacht, bis zum Ende der siebziger Jahre.

## X
## *Die Freundschaft*

Woher stammt das Goldene Zeitalter, diese Art Woge, die plötzlich alle Künste eines Landes zur Glanzleistung emporhebt?

Reichtum ist nötig, gewiß. Aber wie viele opulente Epochen häufen an und bauen und bringen doch nichts Unsterbliches hervor? Mäzene sind nötig, die träumen und in Auftrag geben. Aber was wird aus ihrem Spleen, wenn niemand oder zu wenige ihm zu entsprechen vermögen? Wie erklärt sich diese aus den tiefsten Schichten eines Volkes aufbrechende Generalmobilmachung, um aus einem Jahrhundert – oder einem Stück Jahrhundert – ein kollektives Meisterwerk zu schaffen? Das Genie einiger weniger ist dafür nicht ausreichend. Es muß auf dem Talent und dem Können Unzähliger basieren. Von Männern und Frauen, in den gleichen Jahren geboren. Anstatt einander zu ignorieren, sehen sie sich, sprechen miteinander, schätzen oder verabscheuen einander, planen miteinander oder gegeneinander, um den anderen herauszufordern. Kurzum: Ein Goldenes Zeitalter ist das gemeinsame Kind einer ganzen Generation.

Bei aller gebotenen Hochachtung vor dem Montaigne und La Boétie verbindenden Gefühl, das XVI. Jahrhundert besitzt nicht das Monopol literarischer Freundschaft.[26] Auch das folgende liefert schöne Beispiele. Der 1639 geborene Racine und der 1621 geborene La Fontaine trafen sich in Paris fast täglich. Dazu kamen bald Molière (geb. 1622) und Boileau (1636), der für ihre Zusammenkünfte schleunigst ein Zimmer in der Rue du Vieux-Colombier mietet. Zu ihnen gesellt sich der charmante Chapelle, in gleichem Maße Schöngeist wie begeisterter Bordellbesucher. Ein unzertrennliches Quintett: Tragödie, Fabel, Komödie, Poesie und der fröhliche Dilettant. Um Berufliches zu erörtern, dürften die Gespräche vom Doppelthema Dirnen und Wein doch gelegentlich abgewichen sein. Aber Literatur ist, bei allem Gedankenaustausch, ein einsames Geschäft.

Wohingegen es einer Menge Menschen bedarf, um aus dem geographischen Nichts ein Schloß und seinen Park erstehen zu lassen.

* * *

Da sein gesamtes Leben der Arbeit gewidmet ist, kann Le Nôtre sich nur mit Menschen anfreunden, die seine Leidenschaft teilen. Ihr ist er verfallen, ihnen ist er ergeben. Und seine Existenz stützt sich auf zumindest zwei unverbrüchliche Getreue: Claude Desgots, Sohn seiner Schwester Elisabeth, der ihn überallhin begleitet, auch nach Rom; und Jean-Baptiste de La Quintinie, ursprünglich Staatsrat und persönlicher Referent der Königin, der sich mit etwa dreißig Jahren vom Juristen zum Botaniker wandelte. Diesem begegnet Le Nôtre in Vaux, ihn nimmt er mit nach Versailles. Dort bekommt er eine Vertrauensstellung: er soll für den Obst- und vor allem Birnenliebhaber auf dem Thron das übelriechende Sumpfgelände in ein Wunderwerk an Eleganz verwandeln, das der Trägheit der Jahreszeiten trotzen wird. So entsteht der königliche Obst- und Gemüsegarten. Diesem Mann wird es zu verdanken sein, daß der ungeduldige Monarch sich neben guten Luisen und anderen süßen Butterbirnen im Januar an Erdbeeren und im April an Feigen delektieren kann.

Aber ein anderer Komplize ist noch wichtiger.

* * *

Seit der Zeit in der «Ufergalerie» und in Simon Vouets Atelier haben sich Le Nôtre und Le Brun fast niemals getrennt. Gewiß, der Maler ist mal nach Rom gereist, um unter Anleitung von Poussin seinen Blick zu schulen. Doch gleich nach seiner Rückkehr sehen die Freunde sich wieder. Und kaum hat Fouquet Le Brun angeheuert, holt dieser sich Le Nôtre. Seite an Seite erschaffen sie Vaux, bevor sie nach Versailles überwechseln. Drei Jahre für den Oberintendanten, und dann dreißig für den König. Ein ideales Gespann: der eine herrscht über die Innenräume, der andere über den Außenraum. Und gemeinsam kümmern sie sich um die Statuen. Der eine gibt sie in Auftrag, der andere stellt sie auf.

Beide sind unermüdliche Arbeiter und haben sich seit besagter «Galerie» ihrer Jugend die Begeisterung für das Miteinander bewahrt. Parallel zu seinem malerischen Werk und der Oberaufsicht über zahllose Baustellen, ist Le Brun auch noch Leiter der Schule der Gobelinmanufaktur. An den Ufern des Flüßchens Bièvre stellt er ein ganzes Heer kreativer Hände ein, bildet sie aus, damit Möbel und Wandbehänge französischen Palästen zur Zierde gereichen und Europas Blicke auf sich ziehen.

Beide erweisen sich als ungemein geschickt in ihrem Betragen bei Hofe. Le Brun spielt wie kein zweiter mit der Akademie. Ist Kanzler, Rektor und erfindet den Titel des «Vize-Rektors», den er Colbert anbietet, seiner permanenten Stütze. Aus dem König hat er einen Zuschauer gemacht: Nichts liebt Seine Majestät mehr, als seinem Hofmaler bei der Arbeit zuzusehen ... in Erwartung künftiger Spaziergänge im Park.

Beide begeistern sich für die Wissenschaft ihrer Zeit. Le Brun hat Descartes und seine Betrachtungen über das Gehirn als Sitz der Seele gelesen. Er nimmt teil an der Debatte der Philosophen, vergleicht menschliche und tierische Gesichtszüge, erforscht die physische Umsetzung von Gefühlen, hält im Louvre einen aufsehenerregenden Vortrag über Physiognomik ...

* * *

Ein Rätsel allerdings birgt unser Großes Zeitalter: wie konnten bei dieser eisernen Disziplin, die Ludwig XIV., Colbert und ihre Büttel von der «Kleinen Akademie» den Künsten aufzwangen, wie konnten bei dieser permanenten und minutiös geplanten Hagiographie so viele Meisterwerke entstehen? Für gewöhnlich verbinden sich doch Zwang und gar politische Propaganda nur schwerlich mit schöpferischem Tun.

Vielleicht muß man das Geheimnis dieses Goldenen Zeitalters bei der Freundschaft suchen. Diese Künstler waren einander seit frühester Jugend zugetan. Dieses Gefühl war ihr Refugium und die Basis ihres künstlerischen Anspruchs.

## XI
## *Ein Kanal*

Dem Schloß gegenüber, gen Westen, breitete sich Sumpfland aus, durchzogen von einem Bächlein namens Galie. Dort holte man sich Fiebererkrankungen, und an manchen Sommertagen schnürte einem der Gestank die Kehle ab. Eine Lösung drängte sich auf: trockenlegen. Und Rasen aussäen. Le Nôtre hatte eine andere Idee.

Die Arbeiten wurden 1667 begonnen. Vier Jahre später beanspruchte ein großer, kreuzförmig angelegter Kanal dreiundzwanzig Hektar.

Dreiundzwanzig Hektar innerhalb des Parks für Wasserspiele aller Art. Gondeln zogen dahin, geschenkt von Venedig, eine Felukke aus Neapel, Linienschiffe im Großmodell (mit zweiunddreißig Geschützen), auch ein paar Galeeren waren dabei… Eine stets einsatzbereite Flottille für Festlichkeiten aller Art, sechzig Matrosen, immer bereit, die Anker zu lichten.

Heute erzählt das Wasser nichts mehr über das versunkene Jahrhundert. Ein paar Leihboote fahren im Kreis, wie anderswo auch, ob an der Marne oder im

Bois de Boulogne. Nur die schlanken Boote des Rudervereins schießen dahin, Achter, Vierer, Doppel-Scull. Die Ruderer sitzen so tief, daß man meinen könnte, sie säßen auf der Wasseroberfläche. An manchen Herbsttagen verschwinden sie im Nebel. Ein paar Sekunden lang löst das Ohr das Auge ab. Man vernimmt das rhythmische Eintauchen der Ruderblätter, die anfeuernden Rufe des Steuermanns. Dann ist Stille. Ob sie nach eintausendsechshundert Metern Kanal noch Schwung genug haben für die Rückreise in die Zeit? Diese optimistische Hypothese läßt mich ihre verzweifelten Anstrengungen eher verstehen.

Dreiundzwanzig Hektar auch vom Himmel über der Île-de-France, denn der Kanal dient in erster Linie als Reflektor. Er fängt die Sonne ein, um dem König eine Freude zu machen. Aber die Sonne zeigt sich nicht immer in unseren Klimazonen. Daher reflektiert der Kanal, wenn er nichts Edleres findet, die Wolken, das Licht, alles, was je nach Wind, dem Ephemeren schlechthin, mehr oder minder schnell vorüberzieht. Dank dem Kanal im Park werden der Himmel und seine Launen – Ludwig möge verzeihen – zu den Hauptdarstellern der Geschichte. Und es macht mir Spaß, mir zu sagen, daß das einzige, was sich an Versailles seit drei Jahrhunderten nicht verändert hat – dem Himmel sei Dank – die Veränderung ist.

## XII
## *Die Zufriedenheit der Fontänen*

Das XVII. Jahrhundert ist ins Wasser vernarrt. Im Sprudeln der Fontänen und im Schäumen der Kaskaden sieht es das Abbild der Leidenschaften des Lebens. Beim Anblick der auf der Oberfläche von Weihern und Kanälen gespiegelten Bilder, die der Wind plötzlich verzerrt, beliebt man sich der Fragilität des Daseins zu entsinnen. Da man von Linien und Perspektiven fasziniert ist, bietet nichts eine bessere Abwechslung als diese optischen Phantasiegebilde. Da man zutiefst religiös ist, glaubt man, alle Gewässer, ob Süß- oder Salzwasser, kommunizierten miteinander und allesamt dann mit dem Himmel. Descartes ist nicht der letzte, der diese Faszination teilt, wie seine *Météores* bezeugen. Die Seen sind die Augen des Ozeans. Und vielleicht ein Stück vom Blick Gottes auf uns. Das Wasser ermöglicht dem Großen Jahrhundert die Selbstbespiegelung, lebensgroß und in all seinen Facetten, plan und barock, ordnungsliebend und methodisch, in Überraschungen und Illusionen vernarrt, mystisch, aber auch spiel- und vergnügungssüchtig ...

* * *

Wasser will Ludwig XIV. für Versailles, immer mehr Wasser. Nicht zum Tränken der Flora, die schon mehr erhält, als sie zu trinken vermag. «Die Fontänen zufriedenstellen», darum geht es. Dieser Wunsch wird zur Obsession. Keine Frau wird je so schwer zufriedenzustellen sein. Die Wasserlachen ringsum sind kümmerlich. Kein Fluß durchzieht das Gelände.

Ein Abenteuer beginnt, das sich über fünfzig Jahre hinziehen und den Ingenieuren Gelegenheit geben wird, ihre Lieblingsrolle zu spielen: Gott, der den Planeten modelliert. Zwei Jahrhunderte später, im Jahre 1907, wird einer ihrer Tiefbaukollegen, L. A. Barbet, anhand minutiöser Untersuchungen dieses hydraulische Epos in allen Einzelheiten schildern. Dieses leider vergriffene faszinierende Buch würdigt des Herkules Plagen auf das Niveau von Sonntagshobbybastlern herab.[27]

Als erstes wird eine Pumpe von bis dato unbekannter Potenz erfunden. Sie hievt die Wasser vom einzigen in der Nähe gelegenen Weiher Clagny in einen Turm hoch über dem Park. Der Ausstoß reicht bei weitem nicht. Also baut man Mühlen und Auffangbecken, leitet gar die Bièvre um. Oh weh, die Fontänen beklagen sich immer noch, und der König wird ungeduldig. Die Ingenieure legen sich noch mehr ins Zeug.

Pierre Paul de Riquet liebt das Maßlose. Soeben hat er mit dem Canal du Midi begonnen (zwanzig Jahre Arbeit und ein verschlungenes Vermögen, um das Mittelmeer mit dem Atlantik zu verbinden). Seine Empfehlung für Versailles ist simpel: man braucht nur die Loire umzuleiten. Und Le Nôtre beginnt zu träumen: große Schiffe, von Orléans oder Nantes kommend, werden bald vor seinen Parterre vorbeiziehen. Obwohl Riquet ständig wiederholt: «Was ich versprochen habe, werde ich, ein Edelmann, auch halten», wird der Plan fallengelassen.

Nun beschließt man, das gesamte Regenwasser vom Plateau Saclay aufzufangen. Kilometer von Wasserrinnen werden gegraben, die bis zum Aquädukt von Buc führen (580 m lang, 45 m hoch).

Die Fontänen von Versailles fordern und fordern unersättlich.

Wenn es weiter nichts ist, Louvois[28] weiß Rat: die Eure muß herhalten. Vauban wird einbestellt, denn man zieht in die Schlacht gegen die Natur und die Gravitation. Der Fluß wird abgesperrt. Ein Schützengraben von neununddreißig Kilometer Länge erreicht bald schon Maintenon. Jetzt gilt es, das Tal zu überqueren. Dreißigtausend Soldaten unter dem Kommando des Marschall d'Uxelles machen sich an den Bau des größten je entworfenen Aquädukts (5 km lang, 50 m hoch). Das Sumpffieber (sechstausend Todesfälle) bremst nicht den Feuereifer auf einer Baustelle, auf der unerbittlichste Disziplin herrscht. Doch weh! Den Karneval in Venedig nutzend, verbünden sich höchst ungalant die Feinde Frankreichs. Die Truppen lassen die Spaten fallen und ziehen im Eilmarsch zu den Grenzen. Zum großen Leidwesen des Königs, des Hofstaats und Le Nôtres werden die Wasser der Eure niemals Versailles erreichen.

Bleibt noch die Seine. Aber das aus ihr geschöpfte Wasser müßte bis zum Park hoch befördert werden. Laut Barbet ließ der König «in allen Städten die Trommel rühren, um all jene, die sich mit Hydraulik auszukennen glaubten, aufzufordern, Colbert ihre Erfindungen vorzulegen». Ein Edelmann aus Lüttich namens Arnold de Ville meldet sich. Er hat von einer Maschine gehört, die ein gewisser Rennequin Sualem, Zimmermeister von Beruf, entworfen haben soll. Die beiden Ingenieure werden einbestellt und bauen unterhalb von Saint-Germain ein Modell in verkleinertem Maßstab. Der König versammelt den Hof. Bald applaudiert jedermann: Die Maschine befördert tatsächlich das Wasser bis hinauf auf die Terrasse. Der Auftrag kommt zustande: ein wahres Monstrum, das unter dem Namen «Maschine von Marly» in die Geschichte eingehen wird. Vierzehn Räder von je zwölf Meter Durchmesser setzen drei Reihen von Mechanismen in Bewegung:

zunächst direkt, indem vierundsechzig Pumpen das Wasser aus dem Fluß schöpfen und es in einen ersten Auffangbehälter kippen, der 48,45 m oberhalb der Seine am Hang steht. Zweitens bewirkten die Räder mit Hilfe von Pleueln und Kurbeln ein Hin und

Her von zwei Reihen Gestänge, eine Art Glöckchenläutbewegung. Die erste Reihe Stangen, die vom sogenannten kleinen Fördergerüst, war etwa 200 m lang, erreichte das erste Speicherbecken und setzte neunundvierzig Pumpen in Gang, die das Wasser aus diesem Reservoir 56,53 m hoch beförderten in ein zweites Speicherbecken, das auf dem Kamm des Hanges ausgehoben worden war. Bis zu diesem zweiten Reservoir reichte die zweite Reihe Stangen, das sogenannte große Fördergerüst von 650 m Länge, angetrieben wie das erste von einer Hin- und Herbewegung, die es zunächst über Wippen auf halber Höhe an das Gestänge von dreißig Pumpen weitergab, die wie die neunundvierzig vorigen das Wasser aus dem Schacht in halber Hanghöhe in den oberen beförderten und dann, oben angekommen, weitere siebzig Pumpen antrieben, die es dann noch 57,17 m höher beförderten, bis hinauf auf den Grat des berühmten Aquädukts von Louveciennes.[29]

* * *

Einfach haben die Ingenieure es sich nicht gemacht! Nur Vauban, stellt Baron de Ville betrübt fest, versteht, wie diese ausgeklügelte Mechanik funktioniert. Man reist aus ganz Europa an, um das Wunderwerk zu bestaunen, hält sich dabei aber die Ohren zu ob des entsetzlichen Getöses auf dem Hügel von Bougival.

Die armen Versailler Fontänen! Lange werden sie nicht zufrieden sein. Kaum sind die Arbeiten beendet, wendet der König sich einer neuen Leidenschaft zu. Sein neues Schloß fesselt all seine Aufmerksamkeit. Die Wasser der Maschine werden die Rivalinnen in Marly speisen.[30]

* * *

Künstler, Handwerker, Ingenieure, das XVII. Jahrhundert kennt unsere Unterscheidungen nicht, auch nicht unsere Hierarchien. Daher müssen auch die Brunnenbauer zeichnerischen Entwurf und Steinmetzarbeit, Kunst und Technik in Einklang bringen. Über diese Zunft der «Fontainiers» herrscht von 1598 bis 1784 das Stammhaus Francine.[31]

Heinrich IV. forderte Tomaso Francini, einen jungen Florentiner von siebenundzwanzig Jahren beim Großherzog von Toskana an. Man hatte gehört, seine Spezialität seien Felsgrotten mit hydraulischen Automaten. Man will ihm Anlagen in Saint-Germain anvertrauen. Das Klima in Frankreich sollte sich als günstig erweisen. Er bekam elf Kinder, darunter François und Pierre, Le Nôtres Komplizen und Verbündete, seine ständigen Gesprächspartner. Ihre Häuser in Versailles grenzten aneinander (Nr. 16 und 18 in der heutigen Rue Hoche).

Der Alltag François de Francines (schon 1608 wurde der französische Zweig der Familie nachweislich geadelt) kann uns nur erstaunen, da wir an Klassifizierung, Spezialisierung und Professionalisierung gewöhnt sind. Er hat das Amt des «maréchal de bataille» in der Stadt Paris inne. In dieser Funktion, die nicht nur ein Ehrenamt ist, überwacht er die Polizeieinsätze. Doch seine Hauptaufgabe liegt anderswo. Als «Oberintendant der Gewässer und Brunnen Frankreichs» konzipiert und realisiert er sämtliche Wasserspiele. Welche bald schon ihre Blütezeit erleben werden. Zum wachsenden Vergnügen des Königs. Mitten im Feldzug schreibt er aus Nantes an Colbert: «Ich wäre hocherfreut, bei Ankunft Versailles in dem mir von Ihnen geschilderten Zustand vorzufinden. Denken Sie vor allem an die Pumpen; wunderbar, wenn die neue tatsächlich 120 Zoll Wasser hochwirft.»

Und 1672 verfügt Colbert für jeden einzelnen Springbrunnen ein detailliertes Reglement:

> Wenn Seine Majestät aus dem Schloß heraustritt, trage der Brunnenmeister Sorge, befehlsbereit zu sein, und wenn Er dann Order erteilt, daß die Brunnen sprudeln sollen, wird er sofort durch einen Pfeifton das Wasser in Gang setzen lassen:
> bei den Kronen,
> bei der Pyramide,
> an der Wasserallee,
> beim Drachen,
> bei Ceres,

bei der Kuppel,
bei Apollo,
zu Füßen der Pferde,
bei Latona,
bei den Reihern,
an den Bosketten
und den fünf Wasserspeiern.

Der Brunnengehilfe bei der Pyramide hat darauf zu achten, sobald der König vorüber und außer Sichtweite ist, nur noch so viel Wasser laufen zu lassen, daß die Oberfläche sich bewegt.

Seine Majestät wünscht, daß gleiche Sorgfalt obwalte, wenn eine hochgestellte Persönlichkeit im Park weilt, will sagen, daß die Pyramide in all ihrer Schönheit sprudeln soll, solange besagte Person sie sehen kann.

Beständig laufen sollen die Delphine und die Meeresschnecken, wie auch der Drache auf die Pyramide hin auszurichten ist.

Da die Pavillon-Fontaine nur funktionieren kann, wenn die Pyramide abgeschaltet ist, muß der für diese beiden Fontainen verantwortliche Gehilfe Sorge tragen, daß er die Pyramide erst ausschaltet, wenn Seine Majestät in die kleine Pavillon-Allee eingebogen ist und die Pyramide nicht mehr sehen kann. Dann läßt er sogleich die Pavillon-Fontaine sprühen, um Seiner Majestät Blick zuvorzukommen.

(Etc., etc.: das Reglement füllt zehn Seiten und erwähnt jeden Weg, den Ludwig XIV. einschlagen könnte.)

* * *

So wurde der kleinste Spaziergang zum Schauspiel. Und die ausgefeilte Fontänen-Choreographie begleitete die Schritte des Königs wie auch das ganze Spektrum von Geplätscher, Gewisper, Geraune und Grollen. Seine Majestät schlenderte zwischen lebendigen Wassern und konnte sich, ohnehin in den Tanz vernarrt, als Hauptfigur in einem nie endenden Ballett wähnen.

Bei so viel Bevorzugung des Auges – Le Nôtre oblige – vergißt man leicht das Gehör. Dabei wurde überall gesungen und getanzt. Kein Boskett ohne verborgenes Orchester, keine Erfrischung ohne Serenade. Hier probte man die Oper für morgen, dort wurden die Violen gestimmt …

Drehen Sie den Ton auf, spitzen Sie die Ohren. Versailles war nicht so, wie wir es heute kennen, war nicht dieser gigantische Stummfilm, erstarrt in eisiger Stille. Fehlt es Ihnen an Phantasie? Dann lauschen Sie den Springbrunnen: sie sind das einzige Überbleibsel der Musik vergangener Zeiten.

## XIII
## *Beglückende Mathematik*

Nehmen wir ein Rechteck mit der Breite $l$ und der Länge $L$.

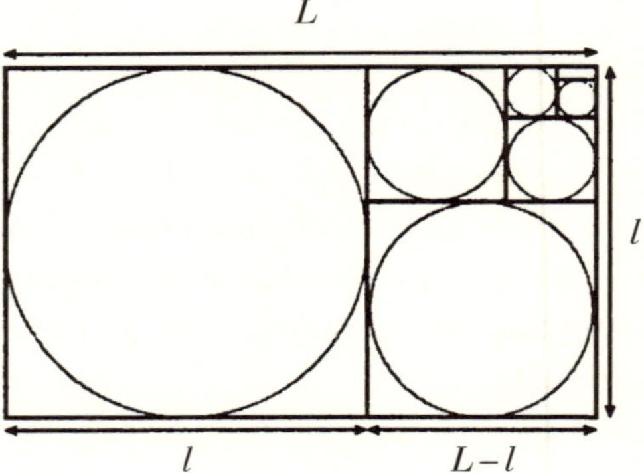


Wenn dieses Rechteck der folgenden Eigenschaft

$$\frac{L}{l} = \frac{l}{L - l}$$

entspricht, dann findet sich dieselbe Proportion in dem Rechteck wieder, welches sich ergab, indem man ein Quadrat vom ursprünglichen Rechteck subtrahierte.

Setzen wir $l = 1$
und $L = 1 + x$,

dann
$$\frac{1 + x}{1} = \frac{1}{1 + x - 1}$$

$$x^2 + x - 1 = 0$$

$$x = \frac{-1 + \sqrt{5}}{2}$$

$$x \approx 0.62$$

und fügen nun 1 hinzu, dann erhalten wir

$$n = 1 + x = \mathbf{1{,}62}$$

Ein solch elementares Rechenexempel soll Freude machen? werden Sie einwenden. O ja, denn schon so manchem brachten sie Glück, diese drei kleinen durch ein Komma getrennten Zahlen, handelt es sich doch um den *goldenen Schnitt*.

Unser Auge ist eher konservativ. Es liebt Identisches, notfalls auch Entsprechungen, Ähnlichkeiten. Daher auch seine Vorliebe für das Quadrat: diese vollkommene Figur wirkt beruhigend. Unter allen Formen sucht das Auge immer wieder nach dem Quadrat. Oder nach Proportionen, die daran erinnern. Der Goldene Schnitt erfüllt diese Funktion: er setzt die Harmonie fort, jene Harmonie, die man nur einmal zu sehen braucht, um sich ein Leben lang danach zu sehnen.

* * *

Diese fast mystische Liebe zu den Zahlen reicht weit zurück, vermutlich bis ins VI. Jahrhundert vor unserer Zeitrechnung.

Pythagoras wird in Samos geboren, in Kleinasien, bevor er nach Sizilien auswandert. Als erster «hebt er die Arithmetik über die Bedürfnisse der Händler hinaus».

Es genügt ihm nicht, einige grundlegende Theoreme zu entdecken, er begründet eine Art Religion auf dem einfachen Prinzip: Die Welt ist Mathematik, wenn sie auch ungeordnet ausschaut. Beschäftigt man sich mit der Wissenschaft, nähert man sich dem Göttlichen und entdeckt gleichzeitig die Gesetze, die für ein gutes Funktionieren der Polis erforderlich sind. «Die Zahlen sind die Quelle und die Wurzel aller Dinge», wie einer seiner Schüler sagt. «Daher bezeichnen sie die *tetraktys*, die Summe der vier ersten Zahlen, die das dekadische Dreieck versinnbildlicht und die das Spezifikum von gerade und ungerade in sich birgt, als die Grundlage der Gesamtheit des Wirklichen.» (D. Saintillan) Das richtig verstandene Universum wird von Harmonie und Proportion bestimmt.

Alle Gärtner, selbst wenn sie nicht zur Sekte der Pythagoräer gehören (die sich weiß kleideten, Totenhäuser und den Kontakt mit Wöchnerinnen mieden, Saubohnen und Eier ablehnten...), teilen diesen Gedanken einer harmonischen Ordnung, die es wiederzufinden gilt unter dem beklemmenden irdischen Chaos.

Der alte belgische Meister René Pechère zeigt anhand zahlreicher Beispiele in seiner *Grammaire des jardins*, daß die «richtige Bildeinstellung» nur mit einem Winkel von 22° erreicht wird.

* * *

Der in den Wonnen der Perspektive aufgewachsene Le Nôtre kennt sich aus in diesen jahrtausendealten Wissensgebieten. Er ist immer in Tuchfühlung mit den Wissenschaften und Techniken seiner Zeit, lebt im Kreise von Ingenieuren und integriert in sein Werk auch noch die jüngsten Entdeckungen, vor allem die arithmetische Reihe, die das Vorrücken in größere Dimensionen steuert.

Da er nichts Schriftliches hinterließ, weder echte Aufzeichnungen noch genaue Entwürfe und erst recht keine Memoiren, fiel seinen Nachfolgern die Aufgabe zu, das von ihm verwendete Zahlenmaterial sowie die Proportionen neu zu entdecken.

Daher beobachtet man seit dreihundert Jahren, wie offensichtlich ernstzunehmende und vernunftbegabte Männer Versailles oder Vaux abschreiten, ausgerüstet mit Bandmaß, Winkelmesser oder Suchern. Sie messen und stoßen Freudenschreie aus. Wie Kinder am Ostermorgen, wenn sie die von den Erwachsenen versteckten bunten Eier suchen.

Dézallier d'Argenville ist der erste, der dieser magischen Zahl nachjagt. Sein Buch *La Théorie et la pratique du jardinage* (1709), die Bibel des klassischen Gartens, quillt über von exakt bezifferten Regeln:

> Es ist zu beachten, daß Treppen und Perrons nur ganz sanftes Gefälle und nur wenige Stufen aufweisen: deren Zahl muß ungerade sein und darf in einer Rampe nicht mehr als 11 bis 13 Stufen betragen ohne Absatz oder Ruhebank von zwei Schritt Breite und gleicher Länge wie der Perron. Jede Stufe kann 15 bis 16 Zoll (41 bis 44 cm) Trittbreite auf 5 bis 6 Zoll (13,5 bis 16,5 cm) Höhe haben, inklusive 3 Strich (1 mm) Neigung, die jede Stufe besitzen muß, damit das Wasser abfließt, weil sonst die Blendleisten in den Fugen faulen würden …

Die Geheimnisse sind noch nicht alle gelüftet. Und die Landschaftsgestalter messen noch immer die Trassen und Winkel, um dem Park seine Logik abzutrotzen.[32] Sie ähneln jenen Ethnologen, die sich jahrelang im Dschungel vergraben, um das Gefüge der familiären Bindungen der Eingeborenen zu entschlüsseln. Wenn auch ohne Buschspinnen und ohne Piranhas, die Suche nach der Struktur ist in Versailles nicht einfacher. Hier ist der Goldene Schnitt angewandt. Dort weicht Le Nôtre von ihm ab, um dieser oder jener Vorgabe des Geländes zu entsprechen. Vielleicht beglückt er uns ja gerade deswegen, weil hier ständig verhandelt wird zwischen Geometrie und Geographie.

Zwischen Ordnung und plötzlicher Ausflucht. Zwischen dem Rausch, alles zu bestimmen und der Wonne, sich hinzugeben.

In der augenscheinlichen Stille der Gärten wird, wer zu sehen versteht, sich ergötzen an diesen großen stummen Duetten.

Ein Beispiel: die zwei Treppen von je hundert Stufen, die, indem sie die Orangerie umspannen, eine Verbindung herstellen zwischen der südlichen Terrasse und dem Schweizer-Becken. Le Nôtre war daran beteiligt. Was gibt es Strengeres als diese gehäuften Abstufungen? Drehen Sie sich ein wenig, schauen Sie aus der Schräge. Dank dem Gesamtentwurf, dank der Aufteilung der Treppenabsätze wird das alles sanfter, wird Ihrem Auge geschmeichelt.

Solch optische Liebenswürdigkeiten bietet Versailles zu Hauf: die Linienführung der Mauern, die Reihung der Bäume, die mitten im Hochwald ausgesparten Freiräume für ein Stück Himmel oder Wasser. Deswegen wird dort jeder Spaziergang zu einer beschaulichen Jagd nach Glück.

## XIV
## *Vom Biedersinn*

Das Wort ist untergegangen und vielleicht sogar die Gesamtheit der Eigenschaften, die es in diesen drei Silben zusammenfaßte: Güte, Vertrauen (mit der Gefahr des Verrats), Schlichtheit, die als Naivität gewertet werden kann, und eine enge und innige Verbundenheit mit der Natur. Unter dem Ancien Régime bezeichnete man den Bauern, den Mann vom Land als «Jacques Bonhomme».

Der berühmteste «bonhomme» oder «Landmann» Frankreichs ist der von seinen Freunden Molière, Racine und Boileau als «Forstmeister besonderer Art» betitelte Jean de La Fontaine. Glaubt man den Chronisten, so war eine Mischung von Zärtlichkeit und Verärgerung Grund für diesen Spitznamen: es war unmöglich, ein längeres Gespräch mit ihm zu führen. Urplötzlich verschloß er sich und entfloh in Gedanken zu fernen, ländlichen Gefilden, wo Gedankenfreiheit herrschte und von wo ihn nichts, nicht einmal lauteste Musik zurückzuholen vermochte. Dümmlich sah er aus, so gedankenverloren, und das entfesselte die

Spottlust der Freunde. Tausendfach wird von dieser Krankheit des Abschweifens berichtet, die man kurzerhand Zerstreuung nennt. Eines Tages tauchte er auf aus einer Versunkenheit, deren Ursache der wortreiche Vortrag eines Theologen über Augustinus gewesen war, und fragte ihn, ob ihm nicht auch, ehrlich gesagt, Rabelais lieber wäre. Ein andermal setzte er sich bei einem Morgenspaziergang am Cours-la-Reine auf eine Bank und blieb dort bis zum Abend sitzen, scherte sich weder um den Regen noch um die Fragen seiner Freunde, denn er war versunken in eine Tätigkeit, die ihn voll in Anspruch nahm und die für die anderen unsichtbar blieb: vielleicht machte er gerade einen ausgedehnten Spaziergang ins Reich der langhälsigen Reiher oder der hoch oben im Baum hockenden Raben.

Ausflüchte dieser Art gab es bei Le Nôtre nicht. Die hätte er sich auch nicht gestatten können. Er war ein unermüdlicher «Unternehmer», Hunderte, wenn nicht gar Tausende von Gärtnern und Terrassierern, Brunnenbauer, Ingenieure, Maulwurfjäger, Baumschulpflanzer waren ständig um ihn herum, ... ein ganzer Troß von früh bis spät, der ihm nicht von den Fersen wich und ständig Anweisungen einholte. Es gab Wochen, da arbeiteten sechsunddreißigtausend Männer aller Berufssparten Hand in Hand auf dem Gelände um Versailles. Ein ganzes Heer war da zu befehligen. Und vergessen wir nicht, daß Le Nôtre außerdem noch

«Kontrolleur der königlichen Gebäude» war. Nichts von Zerstreutheit bei einem solchen Amtsträger. Eine Mauer am Luxembourg, die einzustürzen droht, eine löchrige Dachrinne am Trianon – unermüdlich besichtigt er, überwacht, notiert oder tadelt.

Naivität ist auch nicht seine Stärke. In Karriere- wie auch Vermögensfragen legt er eine beispiellose Virtuosität an den Tag. Andere, von so vielerlei Aufgaben erschöpft oder vom eigenen Ruhm geblendet, würden schlichtweg vergessen, Güter anzuhäufen. Er nicht. Die anderen, alle anderen, selbst Le Brun, selbst Racine, mußten nach dem Genuß schier grenzenloser Gunstbezeugung von seiten des Königs den schier grenzenlosen Schmerz ertragen, daß die Beziehung erkaltete, es gar zum Zerwürfnis kam, worauf die Entlassung folgte. Er nicht. Neununddreißig Jahre lang trübte kein Wölkchen den Horizont über «der Sonne» und ihm. Wer je in die Nähe der Großen dieser Welt gelangte, wer das Wagnis einging, ein paar Jahre lang auf den trügerischen Wassern der Paläste zu navigieren, wer die an solchen Orten vorherrschende Wetterlage erlebt hat, die der Patagoniens nicht unähnlich ist (wo die Windstille nur Vorbote der Stürme ist), wer dem Wüten der Ungeduld und den Launen der Stimmungen je zu trotzen versuchte, der kann dem fehlerfreien Parcours unseres Gartenmeisters nur mit beiden Händen Applaus spenden. Unter rauher Schale verstand er es wie kein zweiter, sein Schiff bei Hofe zu steuern, ohne auch nur einen Deut seines Genies einzubüßen.

Einstimmig wird Le Nôtre eine angeborene Güte bezeugt, ein ausgeglichener Charakter, Humor in allen Lebenslagen, Spontaneität, Natürlichkeit … Alle menschlichen Eigenschaften des «Biedermanns», er besitzt sie. Aber setzt er sie bewußt ein?

Selbst wenn Gartenbau zu den Künsten der Landwirtschaft zu rechnen ist, so müssen wir doch feststellen, daß seine Art des «Landmanns» einzigartig ist. Er ist doch eher pharaonischer Zurichter als Landwirt, ist eher von der Perspektive fasziniert als in die Botanik verliebt, und seine Beziehungen zur Natur basieren auf ausgefeilten Herrscherinstinkten. Er übt geistigen Zwang aus, der keinerlei Abweichung zuläßt. Wenn es zu Überraschungen kommt (und die sind zahlreich), dann sind sie gewollt, geplant, ausgeklügelt. Der Zufall ist ausgeschlossen, Ordnung herrscht, der Saft muß langsam fließen. Japaner, die Versailles besichtigen, erinnert der Park an einen Riesenbonsai. Andere sprechen sogar von Haß bei diesem militärischen Umgang mit allem Pflanzlichen.

Keine Spur eines Franz von Assisi bei Le Nôtre. Er begrüßt nicht Tag für Tag verzückt die Schöpfung, denn er ist nur an Nachschöpfung interessiert. Er spricht nicht mit den Vögeln, sondern mit Menschenheeren, die seine Komplizen sind bei der Neugestaltung der Welt. Selbst wenn das Ziel ein Meisterwerk sein soll, so läßt sich eine solche Versklavung der Natur wohl schwerlich auf biedermännische Gutmütigkeit zurückführen.

Der Biedermann ist er im Grunde nur, wenn er seine geliebten Wasserflächen, Wasser-Parterre oder Kanäle betrachtet. Nur dort überläßt er sich als Zuschauer einem Schauspiel, von dem er im voraus noch nichts weiß. Er hat nur die Bühne gebaut. Nun wird der Himmel spielen, werden die Wolken tanzen. Auf dem Land – wie bei La Fontaines Geburtsort Château-Thierry – liebt man die Natur um ihrer selbst willen. In der Stadt aber – und auch Le Nôtre ist, wenn auch Gärtner, ein Kind der Tuilerien, das heißt, ein Kind von Paris, also eine Stadtmaus – bevorzugt das XVII. Jahrhundert das in Regeln gezwängte Leben. Oder das im Wasser gespiegelte Leben.

* * *

Wenn Biedersinn sich mit Diktatur auch nicht verträgt, nicht einmal Pflanzen gegenüber, so paart er sich doch recht gut mit Geschicklichkeit. Und auf diesem Terrain ist Le Nôtre ein Meister, der allen Experten in Höflingstum haushoch überlegen ist, Baldassare Castiglione mit einbezogen. Dieser schrieb im XVI. Jahrhundert seinen *Il Cortigiano*, eines der meist verkauften Bücher in Europa.

Regel Nummer eins, von der sich alle anderen ableiten: Bleib an deinem Platz. Man ist ein Mann der

Scholle, man bleibt ein Mann der Scholle, ungeachtet der Ehrungen, die einem zuteil werden. Saint-Simon[33] täuscht sich nicht: er, der alle Welt verabscheut, liebt Le Nôtre.

Der kleine Herzog, auf Rangabstufungen versessen, Talmudist der Hierarchie, findet in diesem Gärtner den Mann nach seinem Geschmack: einen, der den Rang, den die Geburt ihm zuwies, nicht vergißt und nach keinem anderen strebt, selbst wenn er in seinem Beruf Hervorragendes leistet. Menschen wie dieser sind die Stützpfeiler einer von Arrivisten und Usurpatoren bedrohten Welt. «Niemals trat er aus dem Rang oder überschätzte sich»: Ein lobenderer Gedenksatz läßt sich bei Saint-Simon kaum finden. In wenigen Worten ist alles gesagt. Das Porträt der idealen Gesellschaft: unwandelbar.

Unser Biedermann ist gewitzt. Wie besänftigt man Tag um Tag die Meute der Eiferer, die den Hofstaat ausmachen? Indem man ihnen darbietet, was sie beruhigt: Bescheidenheit und Natürlichkeit. Fürchtet nichts, ihr Prinzen von Geblüt, ihr neidischen Comtessen, ich zähle zwar zu des Königs engsten Vertrauten, ich stülpe die Île-de-France zwar um und erschaffe die großartigsten Gärten der Welt, bin aber dennoch nichts weiter als ein armer Bauer und verbleibe Eurer Herrschaft ergebenster und hochachtungsvollster Diener… etc. etc. Und selbstgefällig stellen besagte Herrschaften fest: «Sehr angenehm, dieser kleine Le Nôtre!

Begabt, das läßt sich wohl nicht leugnen, aber voller Respekt für die wahren Werte!» Der Trick hat funktioniert. Unser Freund kann ans Werk gehen. Um in Ruhe zu arbeiten gibt es nichts Besseres, als den Stärkeren immer wieder zu sagen, was sie von einem hören wollen.

1675. Der König will ihn adeln. Ehrenvoll, gewiß, aber auch gefahrvoll: was wird die bis dato so sorgsam beruhigte Aristokratenmeute sagen, wenn sie sich plötzlich auf eigenem Terrain herausgefordert sieht? Le Nôtre entzieht sich dieser Falle auf gewohnte Art: er bleibt sich selbst treu. Ein Wappen für mich, Sire? «Also dann drei Schnecken, gekrönt von einem Kohlkopf. Wie könnte ich meinen Spaten vergessen? Verdanke ich nicht ihm all die Güte, mit der Eure Majestät mich beehrt?» Versailles prustet vor Lachen und ist gerührt. Wer könnte einem solchen Mann etwas verübeln? Le Nôtre ist adelig, ohne jemanden verärgert oder sich selbst verleugnet zu haben. «Grundfarbe Schwarz, ein goldener Sparren mit drei silbernen Weinbergschnecken, die beiden oberen angeschmiegt und die an der Spitze gedreht.»

* * *

Wie ist er eigentlich wirklich, dieser Mann, der keinen Feind zu haben scheint? Man kennt doch die schlechte Meinung über Menschen, die allseits geliebt werden: Charakterlose Individuen, schamlose Schmeichler,

Charmeure ohne Tiefgang … Zwei Sorten gibt's davon. Die einen sind grenzenlos faul, wollen sich nie verausgaben, nicht einmal im Streit. Die anderen sind grenzenlos fleißig und haben sich Entengefieder angelegt: kein Regen dringt durch, nur ihr Vorhaben zählt. Le Nôtre gehört natürlich zu letzteren. Er hat zu viel zu tun, um sich darum zu kümmern, wenn hinter seinem Rücken gespottet wird oder man Ränke schmiedet, um ihn auszubooten. Er setzt seinen Weg fort. Er trassiert seine Alleen. Seine Duelle sind die der Schöpfung: tagtäglich steht er im Kampf gegen Leichtfertigkeit, gegen Wiederholung, Gefälligkeit und Protzerei, all diese Trägheiten der Seele. Er setzt all seine Kraft und seine Ehre darein. Alles übrige schert ihn nicht, er läßt sie reden, lächelt und spielt den Landmann, seine bewährte Taktik. Wenn man's recht bedenkt, ein komischer Landmann, der seit Kindesbeinen (seit den Tuilerien) Umgang pflegt mit dem Hof, wie schon vor ihm sein Vater …

* * *

Je mehr man versucht, unter Zusammenfügung aller bekannten Bruchstücke, den Mann zu zeichnen, der Le Nôtre wirklich war, desto bröckeliger wird das Klischeebild von dem wackeren, freundlichen Mann mit Erdklumpen an den Füßen, der den König der Könige überallhin begleitet, den Spaten auf der Schulter und frisch von der Leber weg redend.

In ihm existieren die krassesten Widersprüche nebeneinander. Dieser Bescheidene ist ein Demiurg, ein Weltenschöpfer. Dieser Respektvolle (gesellschaftlichen Hierarchien gegenüber) ist diktatorisch (wenn es um Landschaft geht). Seine Offenherzigkeit ist Bauernschläue, seine Natürlichkeit ist Raffinesse.

Die Schlichtheit, die man vermutet, ähnelt der aller von ihm geschaffenen Gärten: sie ist eine Falle. In die aber nur faule Besucher hineintappen. Die anderen werden wie Forscher verfahren: sie haben schon begriffen, daß Biedersinn ein veraltetes Universum ist, das eine Reise wert ist.

## XV
## *Der Archipel*

Wie alle, die selbst etwas erschaffen, nahm auch Le Nôtre von Zeit zu Zeit gar nicht mehr wahr, was um ihn herum bestand und nicht sein Werk war. Dann gab es Paris nicht mehr, auch nicht die Landschaften ringsum, die Felder, die Kirchen, nicht einmal die Festungen auf den Kuppen der Hügel. Er sah nur mehr die Gärten, die er gestaltet hatte: lauter Inseln mitten im Meer. Zahllose Inseln, denn es gab eine Flut von Aufträgen. Alle Reichen, alle Mächtigen wollten ein Werk Le Nôtres ihr eigen nennen. Damit schmeichelte man dem König und glich sich Seinen Vorlieben an. Inseln, die der Bauherr regelmäßig besichtigte, denn nichts versinkt schneller als ein verwahrloster Garten.

Dieser Gartenarchipel[34] hatte sein Flaggschiff: Versailles. Nie ging Le Nôtre dort an Land, ohne Stolz zu empfinden. Und Stolz ist kein geringes Vergnügen. Doch andere Zwischenstationen verschafften ihm intimere, geheimere Genugtuung. Jede – und das war wichtig – machte ihn auf ihre Art glücklich. Der besondere Reiz eines Archipels ist ja gerade die

Verschiedenartigkeit: man reist und muß sich dennoch nie losreißen.

### *Eine Terrasse für Saint-Germain*

Ein Geschenk, ein Wutausbruch, ein Sieg.

Für gewöhnlich mußte Le Nôtre das Gelände überlisten und hart zupacken, um Blickpunkte zu schaffen. In Saint-Germain hat über Jahrtausende hinweg die Geographie ihm in die Hände gearbeitet. Vor dem alten Schloß, das für Ludwig XIV. so unerfreuliche Kindheitserinnerungen birgt, verläuft, von hoch oben das Tal der Seine beherrschend, eine lange Allee (tausend *toises*, d.h. 2,4 Kilometer). Nach kräftigem Regen, wenn der Himmel heller ist, blickt das Auge von dort aus bis Paris. Hier braucht man ausnahmsweise mal nicht Tausende von Arbeitern einzuberufen: das Schauspiel bietet sich selber dar.

Doch eine Stützmauer ist eingebrochen. Wie nun die Terrasse wieder hochbauen? Der Architekt Le Vau verteidigt seinen Plan einer gerade Linie. Le Nôtre hat eine andere Idee. Niemals wird man ihn noch einmal so erleben. Er, der für gewöhnlich so sanft, so fügsam, so verbindlich ist, gebärdet sich plötzlich wütend, unbeugsam, cholerisch. Er droht sogar mit seiner Demission. Und verbucht letztlich den Sieg für sich. Eine auf einen Entwurf gekritzelte handschriftliche Notiz schildert in der ihm eigenen Sprache diese schreckliche Schlacht:

> Entwurf, der für die Terrasse gemacht worden war und den M. Le Vau mir streitig machte, den M. Colbert auch nicht ausführen wollte wie nach Vorlage. Doch letzten Endes gestand er ihn mir zu nach heftigem Streit, er würde es bereuen und solle mich ruhig entlassen, wenn er gegen die Ausführung sei.

Nun wurde die gerade Linie der Allee also leicht gebrochen und zum Wald hin gebogen. Das Ergebnis: drei neue Augenweiden. Die Allee bekommt Leben, das Blattwerk gewinnt an Relief, und von der schönen Mauer, die das Ganze stützt, wird ein Teil sichtbar. In dieser kaum wahrnehmbaren Brechung wird Le Nôtres ganze Genialität deutlich. In ein Universum, das geradlinig und kalt erscheint, bringt er Anmut und setzt Überraschungseffekte. Mit geringfügigen Mitteln hebt er hervor, worauf es bei einem Garten ankommt. Zwei Dinge sind es: er muß Dekor sein und dem Auge etwas bieten.

Ein Garten verziert die Landschaft und bietet gleichzeitig neue Perspektiven bei der Betrachtung dieser Landschaft.[35]

### *Reine Geometrie in Fontainebleau*

Wie Saint-Germain ist auch Fontainebleau schon seit langem ein Landsitz des Hofes: François I. kam bereits her. Und jeder der Monarchen, die einander ablösten, wollte seinen Teil beitragen und seine Ideen verwirklichen. Man fügte hinzu und berichtigte, bis der Garten nicht mehr wußte, welche Geschichte er eigentlich erzählte. Doch kaum war Le Nôtre dort, ordnet er schon und vereinfacht.

Der ganze Stolz von Fontainebleau ist sein «Tiber-Parterre», eine riesige Esplanade von vier Hektar, die nur Broderie-Arabesken zeigt und keinerlei andere Hervorhebungen oder Spielereien zuläßt. Um diese fast schwindelerregende Fläche auszufüllen, entscheidet Le Nôtre sich für die Abstraktion. Schamlos und rückhaltlos. Er spielt mit den Quadraten: die vier ersten, auf einer Seite gebogen beschnitten, umschließen das fünfte, ein Wasserbecken. Die Quintessenz des «französischen Gartens» schlechthin. Die Geometer werden diesen Spaziergang zu Euklid genießen. Und die normaleren Sterblichen schleunigst zu weniger radikalen Stellen im Park abbiegen, wo die Natur – unter Aufsicht wohlgemerkt – sich ein paar Rechte zurückfordert.

### *Die Morgenröte in Sceau*

Colbert hat einen Landsitz erworben und möchte, wie jedermann, die Gartengestaltung Le Nôtre übertragen. Die Sache hat nur einen Haken: die Erinnerung an Vaux geht ihm nicht aus dem Kopf. Die Anlage sollte zwar seinem Rang entsprechen, doch zu viel Prachtentfaltung könnte die Eifersucht des Königs wecken. Dem Gärtner genügt eine Andeutung, er begreift diese vertrackte Situation und schafft ein Meisterwerk der Selbstbeherrschung. Wasser in jeglicher Form, Garben, Kaskaden oder still. Alleen, breiter als irgendwo sonst, ganze Ebenen von Rasen, ganze Reihen von Pappeln, ein Gruß an Italien. Weit ausgreifend das alles, stolz und gefällig, dem Bild des Ministers entsprechend. Und damit es auch jeder weiß und Ludwig XIV. zu Gehör bringt, werden Besitzer und Künstler nicht müde, jedem, der es nur hören will, die Symbolik des Kanals einzutrichtern: er verläuft gen Osten, wo der Pavillon Auroras steht. Und diese Morgenröte ist Colbert höchsteigen: er eröffnet «der Sonne» den Weg.

## *Blumen für das Trianon*

Das Bedürfnis, einen Zweitwohnsitz sein eigen zu nennen, befällt Könige wie Bürgersleut. Kaum ist Versailles in eine Baustelle verwandelt, möchte Ludwig am liebsten die Flucht ergreifen; es gelüstet ihn nach einem ruhigen Plätzchen, wo er ein paar Vertraute zu sich laden kann. So entsteht ein erster Trianon, der «Porzellan-Trianon», den Le Vau und d'Orbay erstellten und der zwanzig Jahre später von einem größeren Ensemble abgelöst wurde, das Robert de Cotte und Hardouin Mansart entwarfen. Hier ist das Königreich der Blumen. Der König liebt es, wenn sie stark duften und häufig wechseln. Le Nôtre zieht sie in unzähligen Tongefäßen, die er in die Beete eingräbt. Da es an Handlangern ja nicht mangelt, werden diese Gefäße einfach ausgetauscht, und schon verändert sich das Bild des Gartens. Tulpen, Hyacinthen, Osterglocken, Narzissen… Aber auch die Exoten und Kälteempfindlichen werden nicht vergessen: man züchtet sie im Glashaus, setzt sie tagsüber hinaus und holt sie zur Nacht wieder herein. Und der König klatscht Beifall: nichts erfreut ihn mehr als dieser Trick, auch dem Rhythmus der Jahreszeiten seinen Willen aufzuzwingen.

### *Die Herausforderung von Saint-Cloud*

Was gibt es unbequemeres als den Landsitz von Monsieur, Bruder des Königs? Überall geht es bergab, dann wieder hinauf aufs Plateau, hinab in Talmulden, keinerlei Harmonie auf dem ganzen Gelände, keine andere Perspektive als dieses Seine-Mäander, das der einzigen Fläche, die ein wenig weitläufiger ist, eine Dreiecksform verleiht… Ansonsten, als einziger Blickfang und vom Terrain diktiert, ein mächtiger Wasserfall, der die Spaziergänger schon entzückt, als Le Nôtre dort eintrifft… Was soll man in diesem geographischen Wirrwarr an Interessantem schaffen? Die Lektüre des Plans ist eine Lektion für Landschaftsgestalter: wie läßt sich eine Idee umsetzen, wenn das Terrain so störrisch ist? Le Nôtre verzichtet nicht auf seine geliebten

Lichtungen, seine Alleen, seine Wegkreuzungen, seine Rondelle. Doch den Genius loci muß man anderswo suchen. All diese Inkohärenzen muß man nutzen und sie in Überraschungen verwandeln. Er vervielfacht die Boskette, die «grünen Salons», die verborgenen Lauben. Und der Charme von Saint-Cloud beruht auf all diesen Geheimuniversen, die eine unerkennbare Ordnungsstruktur umlagern.

### *Ein Spiegelgarten für Chantilly*

Enttäuschte Liebhaber flüchten sich mit Vorliebe in Trunksucht und Religion, aber auch in die Botanik. Sanfte Tröstungen nach verlorenen Schlachten auf dem Feld der Liebe oder der Politik. Gibt es nicht unzählige ehemals Liebestolle, in denen das Blut immer noch kocht, die ihre Glut zu besänftigen suchen, indem sie Stecklinge setzen und Ableger züchten? Gibt es nicht etliche Ex-Präsidenten, die wie in Rage ihre Rosen beschneiden und dabei blutrünstige Rückkehrpläne schmieden? Zur Zeit der Fronde war der Große Condé[36] der Macht schon sehr nahe. *Nolens volens* ins Glied zurückgetreten, widmet er sich seinen Ländereien.

Das von den Montmorencys ererbte Schloß ist ein seltsames Gebilde: eine dreieckige, zusammengewürfelte Masse, ein Renaissance-Bau auf mittelalterlichen Grundfesten. Ein Mittelpunkt läßt sich nicht schaffen.

Le Nôtre fügt eine Terrasse an, die diese Rolle übernehmen wird. Die geheime Befriedigung des Künstlers, seine dumpfe Revanche, läßt sich leicht vorstellen: endlich einmal ein Garten, der nicht vom Schloß beherrscht wird! Endlich einmal gelangt die Terrasse zu Ruhm, sie zieht alle Blicke auf sich.

Und dann ringsum Wasser.

Verträumtes Wasser, aufgeteilt auf Becken verschiedenster Form.

Sprudelndes Wasser, von Fontänen und Springbrunnen aufgeweckt.

Fließendes Wasser: das heimische Flüßchen Nonette, von Senlis her kommend, das erst einmal als Kaskade herabstürzt, bevor es gemächlich weiterfließt in einem drei Kilometer langen Kanal.

Die Figur des Archipels läßt sich nirgends besser ablesen als hier. Die Parterre scheinen Inseln zu sein, umfangen von all diesen Wasserflächen. Und wenn der Wind innehält, wenn nicht mehr die geringste Brise diese Wasserflächen kräuselt, dann hat man den Eindruck, Chantilly schwimme auf dem Himmel.

Dies hier ist – trotz Versailles – Le Nôtres Lieblingskind.

### *Westlich des Trianon, Reue oder Vorahnung?*

Für den Architekten des Königs von Schweden, der gekommen war, um die französische Gartenkunst zu studieren, verfaßt Le Nôtre 1693 eine Beschreibung eines lauschigen Plätzchens, das er ganz besonders liebt:

> Die Quellen liegen (…) in Länge und Breite im Unterholz, es ist ausgefüllt mit Hochwald, dessen Bäume von einander getrennt sind, was die Anlage kleiner Kanäle ermöglichte, die sich willkürlich hindurchschlängeln und in die rings um die Bäume ausgesparten freien Flächen fließen, mit ungleich angelegten Springbrunnen, und alle Kanäle laufen auseinander und unterstützen sich gegenseitig, indem der eine den anderen berührt durch leichtes Gefälle, das der ganze Wald unmerklich vollzieht. Auf beiden Seiten im Gehölz gibt es zwei Rinnsale, die kleine Wasserflächen bilden, und darin je ein Wasserstrahl von zwölf Fuß Höhe, die in zwei Wasserhöhlen enden, die unter der Erde versickern. Ich kann Ihnen die Schönheit dieses Ortes gar nicht hinreichend schildern, herrlich kühl ist es dort, und die Damen kommen her um zu arbeiten, zu spielen, sich zu stärken und die Schönheit des Ortes zu genießen. Man betritt ihn zu ebener Erde gleich vom Wohngemach aus. So gelangt man vom Wohnraum gleichsam überdacht in all die verschiedenen Schönheiten, Alleen, Boskette, Gehölze des ganzen Gartens, wie überdacht;

> ich kann Ihnen sagen, daß dies der einzige mir bekannte Garten ist, und die Tuilerien, wo man so behaglich promeniert, und auch der schönste. Ich lasse die anderen in ihrer Schönheit und Größe, aber der behaglichste.

Wie Thierry Mariage, der diesen Schatz ausfindig gemacht hat, anmerkt, «ist es höchst amüsant, [Le Nôtre] als einen der Vorläufer des pittoresken [oder englischen] Gartens ansehen zu müssen».[37]

### *Ein Fluß für Marly*

Ludwig XIV. ist des Trianon überdrüssig, es liegt zu nahe beim großen Palast. Er will ein Refugium für Freundschaft und Jagd. Seine Wahl fällt auf ein enges Tal zwischen Versailles und Saint-Germain.

Die echten Gartenbauarbeiten beginnen 1694, und die Historiker debattieren noch heute, wer ihr Urheber war. Le Nôtre ist nicht direkt involviert: das Alter hindert ihn jetzt an solch gewaltigen Unternehmungen. Aber in Stockholm kann man einen «Erstentwurf für den Fluß» besichtigen, eine Zeichnung von seiner Hand, Feder, Tusche, Bleistift, Aquarell und Rötel-Hervorhebungen.[38]

Die Gestaltung des Flußbetts sollte fünfunddreißig Jahre dauern, bis Ludwig XV. bankrott war und sich deshalb für einen «großen grünen Teppich» entschied.

Von den Höhen in Marly sprang das Wasser, von Meeresungeheuern ausgespieen, dreiundsechzig Stufen aus grünem und rotem Marmor hinab.

Dies ist der letzte Entwurf aus des Meisters Hand, den wir kennen.

* * *

Noch etliche Inseln aus Le Nôtres Archipel sind zu nennen: Courances, Clagny, Meudon, Choisy, Dampierre, Issy, Pontchartrain, Champ de Bataille, Montmirail, Navarre, Anet, Montjeu, Castres und Castries... Wie im Kinderlied: «Orléans, Beaugency, Vendôme, Vendôme...» Heimatliebe, die durch ewig wiederholte Ortsnamen in uns einzieht.

Manchmal kümmerte er sich um alles; manchmal verschenkte er auch nur einen gekritzelten Entwurf, den die Auftraggeber andächtig aufbewahrten. Meistens erträumte man sich seine Anwesenheit. Die Fama spricht von zahllosen Reisen durch ganz Europa. Dabei verließ er Frankreich nur einmal, um nach Italien zu gehen. Diese Einbildung war nicht unbegründet, denn er hatte die Sichtweisen verändert. Das läßt sich ablesen am Schönbrunn Josephs I. (1690), am Peterhof Peters des Großen am finnischen Meerbusen, oder bei Segovia an der Granja Philipps V.

Und obwohl er vermutlich niemals den Ärmelkanal überquerte, verdankt man ihm dort die Erstentwürfe für die Gärten in Greenwich, östlich von London, dem Geburtsort der irdischen Zeit.

## XVI
### *Treue und Verrat*

Die Tuilerien sind für Le Nôtre etwas ganz anderes. Weder Flaggschiff noch ein Stück Archipel. Sie sind sein Heimathafen. Jener Ort auf Erden, der einen zur Welt kommen sah, der einen alles lehrte, der einen furchtlos ziehen läßt, da er ja sicher weiß, daß man zurückkehren wird.

Bei den Tuilerien steht Le Nôtres Heim, seit seiner Kindheit und bis zum Tode. Dort findet er seine Frau vor, wenn er zwischen zwei Aufenthalten beim König heimkehrt. Dort wachsen auch seine Kinder heran und werden sehr bald wieder sterben.

Ein Garten, den er 1666 noch einmal entwarf und unaufhörlich ummodelt. Er beseitigt die Straße, die so albern den Palast von seinem Park trennt. Er reißt die alten Bäume aus, die den Blick versperrten und ersetzt sie durch sechstausend Hainbuchen, achttausend Ahornbäume, vierhundert Zypressen, ebenso viele Linden und eintausendfünfhundert Eiben.

Vor allem aber zieht er vier Alleen hindurch, von denen eine weltberühmt werden wird. Die erste beginnt vor dem Mitteltrakt des Schlosses und durchzieht den gesamten Park. Jenseits der Gitter mündet sie in eine Wegkreuzung, eine weite Fläche, bereinigt von all den Bauten, die dort wie Wildwuchs Fuß gefaßt hatten. Eine schöne Zukunft harrt dieser Esplanade: es ist die Place de la Concorde. Von hier gehen, von Ulmen gesäumt, die drei anderen Alleen aus: gen Süden, dem Lauf der Seine folgend, der Cours-la-Reine; gen Norden ein Durchbruch zum Faubourg du Roule; in der Mitte die «grande allée des Tuileries», die später verlängert und in Champs-Elysées umgetauft wurde.

Der Wald, in dem der König jagen lernte, das Kaninchengebüsch früherer Zeiten, das wirre Dickicht, all das Gestrüpp, wo der kleine Le Nôtre sich so oft verlief – dies alles ist verschwunden.

Schöpferische Naturen gehen häufig recht grob mit dem Ort ihrer Kindheit um.

* * *

Vaux, sein erstes Ruhmesblatt, verdankte Le Nôtre Fouquet. Rings um sein Haus in Saint-Mandé, das er über alles liebte, hatte der Superintendant hohe Bäume stehen, Eiben und Tannen. Ludwig XIV. befahl seinem Gärtner, sie auszugraben und mitsamt ihren Wurzelballen in den Tuileriengärten einzupflanzen. So geschah es, ohne daß Le Nôtre den geringsten Einwand, den vorsichtigsten Protest wagte. Wie lange bedrückte ihn wohl dieses Schweigen, diese Schmach?

Vom gesamten ehemaligen Kreis um Fouquet hielt ihm nur La Fontaine die Treue.[39] Er brauchte ja weder Vermögen noch Ländereien, um sein Werk zu schaffen. Seine Feder genügte ihm, und ein paar dozierende Tiere, gegen die niemand etwas vermochte.

Männer der Macht genießen es häufig, Künstler zu solch widerwärtiger Abtrünnigkeit zu zwingen. Für sie liegt darin zwar kein Zeichen der Zuneigung (so dumm sind sie nicht), aber ein Beweis ist es doch: daß es ihnen gelungen ist, die Freiheit in Ketten zu legen.

Ein, wie es heißt, ergötzliches Gefühl.

## XVII
## *Ein Kuß für seine Heiligkeit*

Le sieur Le Nôtre begibt sich nach Italien, nicht so sehr aus Neugierde, sondern eher, um sorgfältig Umschau zu halten, ob er etwas findet, das schön genug wäre, um in den Königlichen Residenzen nachgeahmt zu werden, oder um ihm neue Gedanken zu liefern für die schönen Entwürfe, die er sich tagtäglich ausdenkt zur Befriedigung oder zum Vergnügen Seiner Majestät.

Mit diesem offiziellen Schriftstück wird dem Botschafter Frankreichs das baldige Eintreffen des königlichen Gärtners angekündigt.

Seit seiner Jugend im Louvre trägt Le Nôtre Italien im Herzen. Sein Lehrmeister Vouet sprach von nichts anderem, als sei dieses Land der Inbegriff der Schönheit. Doch unser Held war noch nie dorthin gereist. Die Jahre waren vergangen, mehr als angefüllt mit Arbeit in der Île-de-France, als daß man hätte wagen können, sich zu entfernen oder gar mit dem Gedanken zu spielen, die Alpen zu überqueren. In Le Nôtres Leben stellen die besten Dinge sich nicht frühzeitig ein. Das Glück ist bei ihm eine geduldige Blume, die langsam aufblüht. Als Colbert ihm endlich Urlaub gewährt, ist er schon über fünfundsechzig. Ein schon fast alter Mann, der da die Ewige Stadt entdeckt. Oder besser «wiederentdeckt», denn unzählige Stunden lang hatte er ja Zeichnungen und Gemälde, die ihr huldigten, kopiert.

* * *

Sein Besuch gilt einem noch älteren: dem Cavaliere Bernini, einundachtzig Jahre alt, dessen Ruhm sich mit dem da Vincis fast vergleichen läßt und dessen Schaffen fast ebenso vielfältig ist: Bildhauerei, Malerei, Architektur, Dekoration, Poesie... Zahllos sind seine Meisterwerke: «Verzückung der Heiligen Theresa», der Baldachin über dem Hochaltar im Petersdom oder das Porträt Papst Urbans VIII. Ludwig XIV. rief ihn fünfzehn Jahre zuvor, um den Louvre neu zu bauen. Der Ehrgeiz des Genies war grenzenlos: «Ich sah, Sire, die Paläste der Kaiser und Päpste, die der herrschenden Fürsten... Für einen König von Frankreich, einen König von heute, muß Größeres und Großartigeres gemacht werden... Von etwas Kleinem will ich nichts wissen.» Doch Colbert wollte den Bau eher bequem haben. Man entließ das Genie, fett entlohnt und mit einem Auftrag getröstet: ein Reiterstandbild des Königs. Das auf sich warten ließ. Le Nôtre hatte den Auftrag, sich danach zu erkundigen. Man hatte ihn gewarnt: geht behutsam vor, der Cavaliere ist in Neapel geboren und gerät leicht in Zorn.

Bernini ist ein schlauer Fuchs. Er weiß, welchen Platz sein Besucher in Versailles einnimmt. Also gilt es seine Sympathie zu gewinnen: er wird sein bester Fürsprecher sein bei Ludwig XIV., dem größten Bauherrn Europas. Das hohe Alter hat noch keinen Architekten gehindert, weiter bauen zu wollen. Der Cavaliere zeigt auf seinem Arbeitstisch einen Stapel Stiche und Skizzen, die er – wie er sagt – sehr bewundert, ohne deren Urheber zu kennen. Der Besucher errötet, stammelt. Natürlich ist das alles von ihm. Le Nôtre ist in die Falle getappt. Der Italiener hat einen Freund gewonnen. Als das Standbild endlich eintrifft, verteidigt der Gärtner es mit letzter Kraft gegen jedwede Kritik…

* * *

Auch Papst Innozenz XI. liebt die Gärten. Als er von der Anwesenheit des Franzosen in der Stadt erfährt, lädt er ihn in den Vatikan. Le Nôtre hat seinen Neffen Pierre Desgots mitgebracht. Als Internatsschüler in der dreizehn Jahre früher gegründeten Académie de France hat der junge Mann Italienisch gelernt. Nach absolvierten Kniebeugen erhebt sich der Gast. Das Gespräch beginnt und wird Stunden dauern und den für den Zeitplan verantwortlichen Kardinal-Sekretär in Rage versetzen. Der Pontifex maximus will alles erfahren über Versailles. Die Wasser allein schon versetzen ihn in Erstaunen. Welches Wunder macht es möglich, so viele Kanäle, Fontänen, Kaskaden zu speisen? Le Nôtre erklärt, zeichnet auf, ereifert sich: «Jetzt kann ich in Ruhe sterben, ich habe die zwei größten Männer der Welt gesehen, Eure Heiligkeit und den König, meinen Herrn.» Innozenz XI. schüttelt langsam die alte, müde Hand: «Der König ist ein großer siegreicher Fürst; ich bin ein armer Priester, Diener der Diener Gottes.» Bei diesen Worten vermag Le Nôtre seine Erregung nicht mehr zu zügeln. Wie Desgots berichtet, «hört er nur noch auf seine Eingeweide», er schließt den Papst in die Arme und küßt ihn unter den Blicken des entsetzten Neffen und des entgeisterten Kardinals.

Stolz auf diesen Gefühlsausbruch und keineswegs schuldbewußt, berichtet Le Nôtre darüber in einem detaillierten Brief an seinen Freund Bontemps, den obersten Kammerdiener des Königs. Beim «Lever» Seiner Majestät wird er verlesen. Die anwesenden Prinzessinnen und Herzöge wollen es nicht glauben: kein vernünftiger Mensch würde es wagen, den Papst auf beide Wangen zu küssen. Und da man bei Hofe gerne spielt, werden gleich Summen geboten, ob sich das tatsächlich so abgespielt hat. «Wettet lieber nicht», sagt Ludwig XIV. «Immer, wenn ich von einem Feldzug zurückkehre, umarmt und küßt mich Le Nôtre, auch mich.»

* * *

Sieht man einmal ab von der Schmeichelei eines Cavaliere und der Umarmung einer Heiligkeit, scheint Italien ihm nichts Neues gebracht zu haben. Die Kirchen und Skulpturen berühren ihn zwar, auch ein paar Fontänen erwecken seine Bewunderung, aber die Gärten dort öden ihn an. Es mangelt an Horizont, an Konsequenz, geistlose Wiederholung althergebrachter Schemata … Diese Enttäuschung überschattet den ganzen Aufenthalt. So manche Reise kommt zu spät, wie so manche Liebe. Die Leere, die zu lange Abwesenheit hinterließ, ist längst von der Phantasie gefüllt. Und der kann die Realität, auch wenn sie italienisch ist, nur schwerlich standhalten: die Träume beanspruchen den ganzen Platz. Man wird seine Meinung einholen bezüglich einer Residenz in Camigliano. Er wird Wasserspiegel vorschlagen, wie üblich. Doch mit dem Herzen ist er nicht bei der Sache. Es drängt ihn zurück nach Haus.

## XVIII
### *Das Natterngezücht*

An allen Fürstenhöfen der Welt giert man nach einem Brocken aus der Hand dessen, der mächtiger ist als man selbst und muß daher sein Leben lang auch Unverdauliches hinunterwürgen. Auch für den Ruhm bezahlt man mit wohl dosierten Demütigungen.

Nicht einmal Le Nôtre bleibt eine solche Erfahrung erspart. Der für ihn unverdaulichste Brocken, neben etlichen anderen, heißt Hardouin, Vorname Jules. Der Großneffe von François Mansart (1598–1666) erachtete es für seinen Start bei Hofe als nützlich, diesen berühmten Namen dem seinen hinzuzufügen. Ein höchst wirksames Verfahren, denn bald schon unterschlägt er seinen Namen Hardouin und läßt sich nur noch Mansart nennen. Der Trick ist gelungen. Damals wie heute sieht jeder, der es nicht besser weiß, die beiden Architekten in einer Person: François, der geniale Vorreiter, Bernini ebenbürtig, der Erfinder des «grand style», und Jules, sein talentierter Nachfolger, der zu zeichnen gelernt hat und sich ebensogut in die Gunst des Königs einzuschmeicheln versteht.

Le Nôtre führt ihn 1675 dort ein. Kaum ist er in Versailles, übernimmt er auch schon die Macht, und nicht nur im Schloß. Vor ihm beließ die Rollenverteilung dem Gärtner den Garten und auch die Boskette, selbst wenn der gedankliche Entwurf häufig von Le Brun stammte. Doch Hardouin gehört nicht zu jenen, die sich damit begnügen, andere zu inspirieren. Er baut, baut überall, und nichts und niemand widersetzt sich, da er ja die Gunst Ludwigs XIV. besitzt.

Die *Legenda aurea* von Versailles will uns weismachen, nie habe auch nur ein Wölkchen die Beziehung zwischen den beiden kreativ tätigen Männern getrübt. Wer könnte eine solche Fabel glauben? Wie soll man sich vorstellen, ein allmächtiger Schöpfer wie Le Nôtre, Herr über ein Königreich von Terrassen, Alleen, Wasserspiegeln und Lichtungen, habe es ohne innere Verbitterung hingenommen, daß sein Schützling ihm nun immer und überall ins Handwerk pfuscht? Natürlich läßt er sich nichts anmerken. Natürlich verschweigt er seinen Groll. Er wird ja nicht jetzt das Bild zerstören, an dem er ein Leben lang gearbeitet hat, das Bild vom gutherzigen, gediegenen Mann voller Anstand. Aber der Ärger dürfte an ihm nagen, wie auch das Bedauern, diesem schamlosen jungen Eindringling eines Tages die Tür geöffnet zu haben.

Anstatt an diese Heiligenlegende von idyllischer Zusammenarbeit zu glauben (hier, lieber Jules, habt ihr mein Lebenswerk, macht damit, was ihr wollt), suche ich doch lieber beim Memoirenschreiber Saint-Simon nach der Wahrheit. Selbst wenn er fabuliert, kommt seine Intuition den Schwächen der menschlichen Seele und somit der Wahrheit doch näher.

Aus einem erst kürzlich von Le Nôtre angelegten Boskett hatte Hardouin eine bis dato unvergleichliche Kolonnade gemacht, «ein Peristyl runder Form [...] gebildet aus zweiunddreißig ionischen Säulen [...], acht aus violetter Brekzie, zwölf aus Languedoc-Marmor und zwölf aus blauem, weiß geädertem Marmor...»

Der König fragt, was man von diesem allseits beklatschten Werk hält.

Le Nôtre antwortet: «Sire, Ihr habt einen Maurer zum Gärtner gemacht; er hat Euch auf seine Art abgespeist.»

Ist die Demütigung erst einmal eingestanden, ist der Brocken schon halb verdaut.

## XIX
### *Große Liebe*

Im allgemeinen gefallen Gärtner den Frauen. Ihre Vertrautheit mit der Natur, ihre irgendwie geheimnisvollen, mit lateinischen Wörtern gespickten Kenntnisse, ihr Respekt für die Zeit, für die Jahreszeiten und die erforderliche Langsamkeit, ihr stetes Bemühen, Freude zu bereiten: das alles wirkt verführerisch. Nicht zu vergessen auch gewisse körperliche Vorzüge, die schon so manche in Erregung versetzten: breite und schwielige Hände, von der Luft gebräunte Gesichter, ein gewisser Körpergeruch, diese Mischung aus Schweiß und Erde am Ende eines harten Arbeitstages... Und dazu kommt der Rahmen, verbotenen Umarmungen so förderlich: eine Hecken- oder Spalierlaube macht einfallsreicher als das eheliche Schlafgemach. Zu allen Zeiten unterlagen recht viele den besonderen Reizen dieser Zunft.

Auch Le Nôtre hätte man sich als einen solchen Glückspilz vorstellen können: er besaß ja nicht nur den grünen Daumen, sondern auch noch Ruhm, und die Schönsten des Hofes gurrten, wenn er vorüberging, und es war ja auch ein Jahrhundert, in dem man sich freizügig hingab. Jedoch – nichts dergleichen. Nicht das geringste Echo von Ungehörigkeit. Bei ihm wußte man immer nur von einer Frau, der seinigen, von der man nichts weiß, höchstens, daß sie eine tüchtige Hausfrau war und umsichtig Güter anhäufte.

Also muß man wohl oder übel anderswo als unter den Rockschößen nach der außerehelichen großen Liebe unseres Helden suchen.

* * *

Wer vom Universum der Macht nichts versteht, hält Eigennutz für das einzige dort vorherrschende Motiv. Glaubt, man prügele sich dort nur um Posten. Würde man einer Beförderung willen gar Vater und Mutter umbringen. Habe nichts anderes im Kopf als Herrschsucht, persönlichen Ruhm und Bereicherung. Und nach Erreichung all dessen koste man es aus, und zwar allein, und immerfort, in der Stille des eigenen Bureaus: Onanie des Ehrgeizlings.

Wer vom Universum der Macht nichts versteht, weiß nicht um die ungeheuren Fähigkeiten zu opferbereitem Einsatz, die in diesen Höhen zum Tragen kommen. Der kann sich auch die Stärke und Unterschiedlichkeit der Gefühle nicht vorstellen, die selbst die abgebrühtesten Scheusale plötzlich umwerfen. Dort wird viel mehr geliebt und gehaßt als berechnet und ausgebrütet. Ein etwas härteres Wort des Fürsten, ein winziges Kompliment, ein plötzliches Anzeichen von Kälte oder ein unmerkliches Zeichen von Wertschätzung – und schon klopft das Herz bis zum Hals, wird man knallrot, wird man bleich, tritt einem der Schweiß auf die Stirn, werden die Handflächen feucht. Hinter ihren strengen Fassaden hallen die Paläste wider von schmerzvollen Leidenschaften. Im Thronrat haben die Mächtigen plötzlich Seelenpein wie junge Mädchen im Schlafsaal. Wie in allen Bureaus spinnen sich Liebschaften an unter Kollegen. Doch Feuer und Flamme ist man nur für den Chef, vor allem, wenn er Landesherr ist. Diesem Zauber erliegen sie alle, das kann ich bezeugen, selbst die ungläubigsten, die republikanischsten. Welche Erregung mochte also geherrscht haben bei jenen, die in der Mitte des XVII. Jahrhunderts dem König nahe waren, dem von Gott höchsteigen Gesalbten, der Verkörperung Frankreichs seit zwölfhundert Jahren?

Jean Racine ist das Paradebeispiel für derlei Anbetung. Von 1664 bis 1677, von *Andromaque* bis *Phèdre*, über *Bérénice* und *Iphigénie* sind es dreizehn Jahre Erforschung der menschlichen Seele, dreizehn Jahre Meisterwerke, dreizehn Jahre Erfolg. Völlig unwichtig. Sobald Ludwig XIV. ihn zu seinem Historiographen ernennt, wirft er ohne eine Spur von Bedauern sein gesamtes Theater über Bord und überläßt sich mit Haut und Haar seiner Liebe, dem einzigen, was zählt. Ihm sind nurmehr seine «privances» wichtig, wie

Saint-Simon sie nennt, diese Momente engster Zweisamkeit mit dem König. Diesen Traum seines Lebens schildert er selbst am 2. Januar 1685 vor der Académie:

> Ihn zu studieren [den König] in all seinem Tun und Lassen, nicht weniger groß, nicht weniger heldenhaft, nicht weniger bewundernswert, voller Rechtschaffenheit, voller Menschlichkeit, stets gelassen, stets beherrscht, ohne Schwankungen, ohne Schwächen, und letztlich der weiseste und vollkommenste aller Menschen.[40]

Und als Madame de Maintenon ihm 1698 die kalte Schulter zeigt, glaubt er zu sterben. Wenn die Gemahlin ihm die Tür weist, ist der König für ihn verloren. Dann wären sie nutzlos, seine zwanzig Jahre treuer Dienste, all die Tausende beweihräuchernden Seiten und apologetischen Verse und Hunderte von Soldatentagen in Regen und Schlamm, all seine Gelegenheitsbigotterien (Esther und Athalie). Alles umsonst? Diese Angst bringt ihn um. «Er war so tief getroffen, daß er in Schwermut verfiel und danach nicht einmal mehr zwei Jahre lang lebte.» (Saint-Simon)

* * *

Wenn Le Nôtre auch nicht über so viele Worte verfügt wie Racine, so ist seine Liebe doch nicht geringer. Und seine Chance ist größer: er weicht dem König nicht von der Seite. Denn Ludwig liebt seinen Park weit mehr als das vom ehemaligen Theatermann errichtete Ruhmesdenkmal. Und Versailles ist eine ewige Baustelle. Fünfunddreißig Jahre lang beugen sich der Monarch und sein Gärtner gemeinsam über die Pläne, schreiten Seite an Seite die Alleen ab, diskutieren endlos über Bäume und Blumenparterre, machen bei Einbruch der Nacht am Rande einer der Terrassen halt und betrachten schweigend die Perspektiven, die sie gemeinsam eröffnet haben.

Auch Colbert hat täglich mit dem König zu tun. Doch sein Umgang und sein Bereich sind rauher, und außerdem stirbt er 1683. Andere Künstler, Molière, Lully, erhalten Aufträge und Applaus und ziehen dann weiter. Kein Vergleich mit dem Geschenk, das nicht hoch genug einzuschätzen ist: die tägliche Gegenwart Seiner Majestät, an jedem Tag, den Gott werden läßt, sofern Er nicht an den Grenzen steht und Frankreich verteidigt. Nur die Frauen könnten dem Gärtner seine Vorrangstellung streitig machen, aber bis zur Maintenon, Montespan[41] inbegriffen, ist auch ihr Verbleiben nicht von Dauer. Le Nôtre hingegen bleibt. Vermutlich gelangte kein weiterer Untertan in den Genuß solch lebenslanger «privances». Kein anderer besaß so lange die liebevolle Zuneigung des Königs. Mit keinem anderen ist Ludwig XIV. so viel herumgewandert und hat so viel geplaudert.

Oft spitze ich in Versailles die Ohren, um dieses Gespräch zu belauschen, das länger als drei Jahrzehnte währte. Ich träume davon, es zu erhaschen, dieses Geplauder zwischen dem mächtigsten aller Monarchen, der Inkarnation der Sonne, der alles bezwingt, selbst die Zeit, zwischen ihm und dem Mann der Scholle, dem Mann der Jahreszeiten, dem, der immer auf seiten der Natur steht, selbst wenn er ihr Zwang antut wie niemand vor ihm. Sie reden. Über alles und nichts. Während sie dahinschlendern: «Dieses Boskett entzückt mich, ich bange um mein Kind, wie geht es meinen Fontänen? Der Krieg in Holland, riecht Ihr diesen Duft der Linden? Dieser Louvois zehrt an meinen Nerven, habt Ihr auch dieses saure Aufstoßen nach Wildbret? Mit den Maulwürfen wird man auch niemals fertig…»

Der Herbst folgt auf den Sommer. Und dann wird es wieder Frühling. Sie laufen noch immer. Der Hof läßt sie nicht aus den Augen. Worüber können sie eigentlich noch reden? Unzertrennlich, die beiden. Man sieht sie den Kanal entlang laufen oder plötzlich auftauchen aus einem Laubengang. Sie laufen durch ihren Traum: diesen Park haben sie gemeinsam geschaffen. An manchen Tagen sage ich mir: Versailles, das sind ihre Fußspuren, die wir heute noch sehen.

* * *

Le Nôtre hat mehr von einer Ameise als von einer Grille. Er liebt den Besitz. Er häuft an und sammelt. Dennoch beschenkt er 1693 den König, schenkt ihm vom Besten, das er hat: Skulpturen, Vasen, aber vor allem einunddreißig Bilder, darunter drei von Poussin (*Die Ehebrecherin*, *Die Taufe des hl. Johannes* und *Moses, gerettet aus den Fluten*), eines von Domenico Zampieri (*Adam und Evas Vertreibung aus dem Paradies*) und zwei von Claude Lorrain (*Landschaft* und *Seehafen*). Und Ludwig XIV., entzückt, hängt sie in seinen Gemächern auf ... und entschädigt den Spender mit einer Pension von sechstausend Livres.

Dem König etwas schenken, um etwas von ihm zu bekommen ... dies mag uns seltsam erscheinen, und eher eigennützig als großherzig. Damals urteilte man nicht so. Wichtig war der König, nicht das Geld. Nahm er ein Geschenk an, so war das ein Zeichen von Wertschätzung (Vaux, das Fouquet ihm anbot, hatte er abgelehnt). Und an der Gratifikation ließen sich seine Freude und sein Wohlwollen ablesen. Der gesamte Hof kam zusammen, um das Geschenk zu bewundern, was die Bewunderung für Le Nôtre ebenfalls vervielfachte. Wahrlich, dieser Mann hatte den Zugang zu des Königs Herz gefunden.

* * *

Im Laufe der Jahre zog allerdings ein Ärgernis herauf, das ihre Freundschaft überschattete. Kurz gesagt: Ludwig XIV. glaubte sich zum Gärtner berufen. Jahrelang hatte er das Gelände abgeschritten, hatte zugeschaut, diskutiert, Anweisungen erteilt, bei La Quintinie ein wenig Unterricht genommen in Baumschnitt und Veredelung, und nun fühlte Seine Majestät sich firm in Botanik und Landschaftsgestaltung und hielt die Stunde für gekommen, eigenhändig Wunderwerke zu schaffen.

Claude Desgots, Le Nôtres Neffe, schildert besser als jeder andere diese Geschichte des vom Schöpfungsfieber befallenen Monarchen, teils erzürnt, teils spöttisch beäugt vom Meister der Gartenkunst:

> Obgleich Ludwig XIV. nicht müde wurde, das seltene Genie Le Nostres in Punkto Gartengestaltung zu bewundern, wollte dieser große Fürst einen entstehen sehen, dessen Annehmlichkeit er nur sich selbst verdankte. Le Nostre war damals achtzig Jahre alt: der lange gepflegte Umgang mit dem Hofe hatte seine Wahrheitsliebe nicht zu schmälern vermocht: er fand nicht, daß der größte König der Welt die Gartenkunst ebenso vollkommen beherrsche wie er und sagte es auch ganz unverblümt, er stritt eine Weile; doch da er zwischen Leben und Tod eine Distanz zu setzen wünsche, wie er sich ausdrückte, beschloß er, sich zurückzuziehen und erbat dafür die Erlaubnis des Königs.

Die Erlaubnis wurde gewährt, nicht ohne tausendfach wiederholtes Bedauern und liebevollen Protest. Und mancherlei Beweise von Güte, auch pekuniärer Natur.

* * *

So viele Freundschaften, die nicht mehr von gemeinsamem Arbeiten genährt werden, siechen dahin. Diese bleibt bestehen.

Zu viele Bande gibt es zwischen dem König und seinem Gärtner, vor allem aber eine Gewißheit: Im Grunde ihres Herzens wissen sie beide, daß sie aus einem höchst mittelmäßigen Gelände ein Werk geschaffen haben, das seinesgleichen nicht hat. Nur die Mandschukaiser am anderen Ende des Planeten haben ein so ehrgeiziges Projekt zu ersinnen gewagt, einen Park, in dem Erde und Himmel sich vereinen, um den Ruhm des Gott-Kaisers zu besingen. Aber unsere beiden Franzosen, der König und der Gärtner, wissen nichts von China.

Daher glauben sie sich in Ehrgeiz und Erfolg einzig auf der Welt. Dieser Glaube beseelt beide, und dies ist der stärkste Kitt. Abgesehen davon gibt jeder zu, was er dem anderen verdankt.

Molières Brillanz hätte auch ohne den König die Jahrhunderte überdauert. Racine hätte ohne den König, ohne diese verhängnisvolle Begegnung, die ihn auf Hagiographie festnagelte, nicht schon so früh (mit achtunddreißig Jahren) dem Theater abgeschworen. Die Gärtner üben eine Kunst aus, die Abhängigkeit beinhaltet. Ohne den König hätte Le Nôtre wohl zur Kohorte der Mollets, Bouchards oder Desgots gehört, zu dem Heer all derer, deren hochfliegende Pläne in den Kartons verbleiben.

Und Ludwig? Er ist der König. Und allein schon der Gedanke, ihm einen Freund zuzusprechen, mit anderen Worten einen ihm gewissermaßen Ebenbürtigen, ist Majestätsbeleidigung und verdient die Bastille. Und dennoch… Was bleibt von der Regierungszeit, wenn es Versailles nicht gäbe? Und was ist Versailles ohne seinen Park? Die Mächtigen, die in diesem Leben alles haben, ersehnen sich nurmehr eines: Unsterblichkeit. Garantiert verwenden sie darauf ebenso viel Geschick und Eifer wie sie einst entfalteten, um an die Macht zu gelangen. Jedes mal, wenn er den alternden Le Nôtre des Weges kommen sieht, von den Jahren gebückt und steif, sagt Ludwig ihm insgeheim Dank. Bald wird der Altersunterschied nicht mehr ins Gewicht fallen. Bald wird der Tod sie beide geholt haben. Und die einzigen Spuren, die sie hinterlassen werden, heißen Grand Canal, Trianon, Latona-Terrasse und Neptun-Becken.

* * *

Nach wie vor besuchte Le Nôtre den König recht häufig, wo immer der sich auch aufhielt. Eines Nachmittags im Frühling trifft der alte Mann in Marly ein und äußert Verwunderung. Im Herbst zuvor gab es dort nur Weiden und Ackerland. Sechs Monate später prangen dort Boskette und dicht belaubte Wälder. Vor Ludwig XIV. hatte noch niemand je in solchem Maßstab dreißigjährige Bäume versetzen lassen. «Im

Umkreis von zwanzig Meilen», berichtet Desgots, «entvölkerte er das Land von seinen Kastanien und Linden.»

Der König rechtfertigt sich: «Die Kosten sind hoch, aber das Vergnügen ist auch gleich da. Es kommt ein Alter, da man nicht mehr für sich Gärten pflanzt, wenn man es nicht so macht.»

Und er lädt Le Nôtre zu einem Spaziergang durch diese neuen Wälder. «Seine Majestät», berichtet Desgots weiter,

> nahm in seiner von Schweizern gezogenen überdachten Sänfte Platz und wünschte, der illustre Greis möge eine fast identische besteigen. Man kann sich leicht ausmalen, wie eine solch augenfällige Gunstbezeugung einen seinen Herrn aufrichtig liebenden Untertan berührt haben dürfte. Le Nostre, Seit an Seit mit dem König, hatte Tränen in den Augen und rief, als er den zu Fuß folgenden M. Mansart, den Superintendanten des Bauwesens, gewahrte: Wahrlich, Sire, mein wackerer Herr Vater würde Augen machen, sähe er mich in einem Wagen neben dem größten König der Erde: Eure Majestät behandelt Ihren Maurer und Ihren Gärtner wirklich gut.

## XX
## *Testieren, gehen, beten*

Saint-Roch war wie Versailles eine ewige Baustelle.

Unaufhörlich wurde die Kirche an der Rue Saint-Honoré 286 erweitert, umgestaltet, aufgrund mangelnder Gelder fast schon aufgegeben, dann plötzlich wieder zu Leben erweckt, vergrößert, verschönert...

Ihre Geschichte beginnt Anfang des XVI. Jahrhunderts mit einer Kapelle, die bald schon Rochus-Kapelle getauft wurde, zum Gedenken an einen reichen Mann aus Montpellier vom Ende des Mittelalters. Er hatte all sein Hab und Gut den Armen gegeben, um sein Leben den Pestkranken zu widmen. Nachdem er selbst von der Krankheit befallen und von allen aufgegeben worden war, genas er dank eines Hundes, der ihm Tag für Tag zu essen brachte und allein durch seine Gegenwart das Übel vertrieb. Man versteht, warum die Pariser Bevölkerung, die regelmäßig von schrecklichen Epidemien heimgesucht war (zwischen 1620 und 1640 starb ein Zehntel der Bevölkerung Frankreichs), seinen Schutz erbat.

Der Heilige Rochus verdient mehr als nur eine

Kapelle. 1653 legt Ludwig XIV. den Grundstein für eine neue Kirche, die fast ebenso groß werden sollte wie Notre-Dame (126 m Länge). Der Architekt heißt Jacques Lemercier. Ihm verdanken wir einen Teil des Louvre und das Palais Cardinal.

Es mangelt an Geld, die Arbeiten schleppen sich dahin und werden erst 1740 abgeschlossen sein. Le Nôtre kennt seine Kirche nur mit einem Bretterdach. Doch weder dieser unbehagliche Aspekt noch die damit verbundene Zugluft bringen ihn von seinem Vorhaben ab: hier will er beigesetzt werden. Pierre Corneille lag schon dort (seit 1684), und Diderot, wie noch viele andere, werden ihm nachfolgen: zwei Admiräle, ein Maréchal de France, eine Tochter von Louise de La Vallière[42], zahllose Bildhauer, der Abbé de L'Epée (Erfinder der Taubstummensprache), Baron Holbach,[43] Marie-Thérèse Geoffrin, die Gastgeberin des berühmten «Salon» etc. Eine Art Mode war es geworden seit Erschließung der Grabstätten, die bis zur Revolution anhielt: Sankt Rochus galt es zu wählen für die ewige Ruhe. Doch von diesem Bestattungs-Snobismus war Le Nôtre ganz gewiß nicht befallen. Diese Kirche war nur seine nächste Nachbarin. Dort hatte mit der Taufe sein Leben als Christ begonnen. Und dort sollte es sein Ende finden.

Le Nôtre ist nicht Odysseus. Er braucht nicht heimzukehren, weil er niemals fort war. Er ist bei den Tuilerien geboren und weiß, daß er dort auch sterben wird. Seine einzige Auslandsreise machte er nach Italien; eine Pseudo-Reise, denn jedes Denkmal, das ihm dort begegnete, jedes Bild, das er betrachtete, trug er ja schon seit Jugendjahren in Kopf und Herz. Seine einzige Reise ins entferntere Frankreich galt dem belagerten Valenciennes, und dorthin war er nur einer Einladung des Königs gefolgt. Ein kurzer Aufenthalt und das Erstaunen, sich inmitten dieser merkwürdigen Gesellschaft aus Militärs und Damen des Hofes wiederzufinden, wo die einen – wie im Theater – die Heldentaten der anderen beklatschten. Die Poliorketik, die Kunst der Einnahme und Verteidigung von Festungen, wurde wie eine Freiluftoper genossen: Picknick im Grünen und Nacht unterm Zelt …

Abgesehen von diesen zwei Eskapaden gab es für Le Nôtre kein Herumreisen. Keiner war so wenig Forschungsreisender wie er.

Er ist ein Fußgänger, kein Reisender. Er geht, geht unaufhörlich vor sich hin, entfernt sich aber nie. Wie Robinson seine Insel, schreitet er den Garten ab, den er erschafft. Dann geht er über zu einem anderen Garten, einer anderen Insel. Sehen Sie sich die Karte an: Chantilly, Vaux, Sceaux, Versailles, Saint-Germain … Norden und Osten, Süden und Westen. Wie Vauban Frankreich mit Festungen umringte, so umgürtete er Paris mit Grün. Seine Wehranlagen sind Parks. Die auch dem Schutz dienen. Nicht vor feindlichen Heeren, aber vor Übergriffen der Natur und des Lebens.

Chantilly, Vaux, Sceaux, Versailles, Saint-Germain: Nachdem diese Zivilisationsredouten im Herzen der Île-de-France fest verankert sind, kann Le Nôtre heimgehen und dort sein Ende abwarten.

Was tun, wenn man so viel getan hat und plötzlich nichts mehr zu tun hat? Wie lebt man, wenn eine lärmende Menge jeden unserer Schritte begleitete, auf die geringste Geste lauerte, das beiläufigste Wort wie einen Orakelspruch aufsaugte und sich nun Stille und Einsamkeit breitmachen? Der Ruhestand der Aktiven bleibt ein Geheimnis. Wandelt sich die jetzt unnütz gewordene Energie *via* Langeweile in Angst? Oder obsiegt gelassene Heiterkeit, eine Mischung aus stolzer Befriedigung über das Geleistete und großer Mattigkeit nach so großem Einsatz? Gewiß, alles hängt von den Naturen und den Tagen ab. Nichts ist stabil, vor allem nicht die Stimmungen. Von einer Stunde zur anderen kann die Ruhe in Entsetzen umschlagen. Niemand wird je genauen Einblick haben in Le Nôtres letzte Jahre, niemand wird je erfahren, ob hinter der liebgewonnenen Fassade von Ruhe und Gutmütigkeit ihn nicht Schrecken aller Art heimsuchten, Bitterkeit, Groll.

Gewißheit gibt es nur in drei Punkten: er rechnet, er geht, er betet.

* * *

Sein letztes Werk ist sein Testament.

Testieren ist ein kräfte- und zeitraubendes Geschäft, wenn man etwas besitzt. Ein Besitz, an dem man um so stärker hängt, weil man ihn mit viel Mühe angehäuft hat. Denn die edelsten Kunden sind nicht die besten Zahler. Angefangen beim Staat, gelähmt von Schulden, ausgelaugt vom Krieg und den dazugehörigen Freizügigkeiten.

Monsieur de Pontchartrain ist Generalkontrolleur der Finanzen und Besitzer eines Parks, natürlich entworfen von Le Nôtre, der ihm dieses gewitzte Briefchen sendet, weil er ein Hühnchen mit ihm zu rupfen hat:

> Ihr hattet die Güte, Monseigneur, den Plan für Pontchartrain entgegenzunehmen, den Ihr als recht ordentlich erachtetet, und Ihr bezeugtet Eure Zufriedenheit. Ich verwandte viele Federstriche darauf und zog etliche Linien verschiedenster Art; Euch ersuche ich nur um einen einzigen von Eurer schönen weißen Hand, mit allen Drehungen und Wendungen, die nötig sind, um eine Anweisung von dreitausend Livres ausgezahlt zu bekommen, die der König mir jedes Jahr zu geben beliebte, als Gratifikation für meine Dienste an den Bauwerken des letzten Jahres 1694. Ihr verspracht es, Monseigneur, Eurem ergebensten, gehorsamsten Diener. – Le Nostre.

Darauf folgte zwei Jahre später eine nicht weniger ergötzliche Mahnung:

> Monseigneur, Freunde sind Freunde; ich habe welche, die mich hätscheln, ja verhätscheln, gekrönte Häupter, Fürsten, Kardinäle, Erzbischöfe, Kanzler, Oberster Präsident, Intendant der Finanzen und Schatzmeister der Sparkassen. Doch ach! Nur Ihr, Monseigneur, seid der wahre und gute Freund, der mir fünftausendzweihundertachtzig Livres zuteilen und auszahlen lassen kann. Besser könntet Ihr diesen schönen Namen de Pontchartrain et Phélypeaux nicht einsetzen als für Euren ergebensten und gehorsamsten Diener.

Diese liebenswürdige Hartnäckigkeit (verbunden mit ungeheurer Mühe) hat Früchte getragen. Die dem König übergebenen Geschenke hatten seine Sammlung kaum geschmälert. Zweihundertfünfzig Bilder, unzählige Stiche und Zeichnungen (Raphael, Rembrandt, Rubens, Van Dyck...), zwölf Tapisserien, Statuen, kostbare Medaillen, Schmuck, Silber in Hülle und Fülle. Das sorgfältig erstellte Inventar erwähnt auch Chinaporzellane und ein paar ausgefallene Gegenstände, die man heute als Kitsch bezeichnen würde: z. B. eine ausgehöhlte Kokosnuß als Proviantbehältnis, mit Stickereien umkleidet und feuervergoldet zur Zierde: eine kleine Enklave schlechten Geschmacks, ein ergötzliches Schlendern durch dieses Universum (und Leben) von Eleganz und Ordnung.

Der Immobilienbesitz (mehrere Häuser in Paris und Versailles) ist leichter aufzuzählen. Ebenso die jährlichen Rententitel (achtzehntausend Livres). Und schließlich Bargeld in Höhe von zweiundfünfzigtausend Livres.

Als die Liste fertig ist, richtet Le Nôtre sich auf. Wahrlich, dieses Leben hat – vom großen Werk einmal abgesehen – seine Früchte getragen. Er ruft nach seiner Frau, und Arm in Arm schreiten sie in der ihnen eigenen Gangart zu den Formalitäten: «Gott Dank sich bester Gesundheit erfreuend, seinen Geschäften durch Kommen und Gehen quer durch die Stadt obwaltend und sich eigens zum Hause Clément, eines der unterfertigten Notare begebend ...»

Die Identität des Erblassers verwundert ja niemanden, doch das Schriftstück enthält eine Rechtfertigung, die höchst erheiternd wirkt:

> Er erklärt, besagte Dame, seine Gemahlin, habe die Hand gehalten über den zu bewahrenden Besitz, den sie aufgrund ihres guten Betragens und ihrer Sparsamkeit ihr eigen nennen, da besagter Erblasser stets geneigt war, Ausgaben zu tätigen für sein Kabinett und Kuriositäten und nicht an Besitzwahrung dachte, sondern nur an Ruhm und Ehre.[44]

Mit Ausnahme ihres am Tag der Eheschließung erwähnten Namens ist dies die einzige Spur, die von Dame Le Nôtre verblieb. Vermutlich eine Hausgottheit, eine dieser namenlosen und verschwiegenen Mächte. Seelenruhig führen sie daheim die Zügel. Ohne die Träumereien und Spinnereien des Gatten zu bekämpfen, streichen sie mit geschickter Hand den Zehnten ein, der das Leben angenehm macht und Rücklagen sichert.

Nach geleisteter Unterschrift gehen sie wieder heim, zu Fuß, wie sie gekommen waren. Ein Beweis, daß das Gehen Le Nôtre noch nicht im Stich ließ, trotz seiner siebenundachtzig Jahre. Das Gehen ist seine Freundin. Das Gehen ist seine Verbündete, dem Auge ebenbürtig. Kann man richtig sehen, ohne zu gehen? Kann man gut gärtnern, ohne zu sehen und zu gehen? Das Auge schafft zwar die Perspektive, doch das Gehen erst verleiht ihr Leben.

Gleich am nächsten und dann all die folgenden Tage bis zum Ende setzt er seine Spaziergänge fort. Wer ihn vorübergehen sieht, Besucher der Tuilerien oder junge Burschen, die mit dem Spaten Parterre ausheben, zeigen mit dem Finger und murmeln: das ist Le Nôtre, das ist Le Nôtre. Sie halten ihn für einsam, trotz seines Ruhms: eine kleine Greisengestalt, die langsam durch die Alleen schlendert. Sie haben nicht begriffen, daß das Gehen und das Auge ihn begleiten, zwei Vertraute seit Kindertagen, die ihm noch tausenderlei

Wunderdinge zeigen. Ich male mir aus, wie Gott um das Jahr 1698 oder 1699 das Hohe Alter zu sich rief und ihm, keinen Widerspruch duldend, folgendes befahl: diesem Le Nôtre werdet Ihr Eure üblichen Grausamkeiten wie Blindheit oder Lähmungen ersparen! Das Hohe Alter begehrte auf, aber was vermochte es? Es rächte sich wahrscheinlich, indem es einem anderen Sterblichen jene Gebrechen aufbürdete, die es dem Freund des Königs zugedacht hatte.

* * *

So gesprächig er ist, wenn es um seine Güter geht, so schweigsam gebärdet er sich, was sein Werk anbetrifft, und das bis zum Ende. All seine Kollegen griffen, bevor sie diese Welt verließen, zur Feder und vertrauten dem Papier ihre Entwürfe, Ideen und Geheimnisse an. Boyceau de La Barauderie und sein *Traité du jardinage selon les raisons de la nature et de l'art*, Claude Mollet und sein *Théâtre des plans et jardinages*, sein Sohn André und sein *Le Jardin de plaisir*, La Quintinie und seine *Instructions pour les jardins fruitiers et potagers*… Nichts dergleichen bei Le Nôtre. Kein Tagebuch, keine Memoiren. Kein Gedanke an das Anlegen von Archiven. Er entläßt seine Werke allein in die Zeit. Mögen andere, wenn es sie gelüstet, daraus Prinzipien oder Systeme ableiten.

Antoine-Joseph Dézallier d' Argenville, geboren 1680, ist ein junger Mann, Liebhaber der Künste und Naturwissenschaften, Spezialist für Schalentiere und bereits berühmt als Fossiliensammler... Als er auf die dreißig zugeht, entwickelt er eine Leidenschaft für Pflanzen, spaziert durch die Parks von Versailles, Marly, Chantilly, immer den Notizblock in der Hand und geistig hellwach.

Sein Buch *La Théorie et la pratique du jardinage* ist eine detaillierte Abhandlung über sämtliche Stätten des Parks. Allein schon die Lektüre der Kapitelüberschriften ist eine Wonne: «Von Alleen, Konteralleen und Palissaden.» «Von Torbögen, Laubengängen und Spalierkabinetten.» In wunderbarer Sprache lehrt uns seine *Theorie* die «zu beherzigenden Regeln». 1709 publiziert, mehrfach neu ediert, überall studiert, wird sie Le Nôtres Kunst das ganze XVIII. Jahrhundert lang in ganz Europa am Leben erhalten.

* * *

Seine letzten Spaziergänge führen ihn in seine Erinnerung. Im Geiste besucht er immer wieder seine früheren Gärten und begeistert sich an den von ihm selbst geschaffenen Schönheiten. Als Beweis dieser Brief vom Juli 1698 an den Earl of Portland, den Ernest de Ganay ausfindig machte. Le Nôtre konnte den Engländer bei dessen Besuch in Chantilly nicht begleiten und äußert sein Bedauern (ich ließ seinen köstlichen Stil unverändert):

Milors et Monseigneur,

[...] Hätte meine große Jugend mich gehen lassen, weiß ich um die Freude, die ich Eurer Hoheit gemacht hätte und ich hätte die Ehre gehabt, Euch hinzuweisen auf die schönen Plätze und von Euch gehört, es sei ein schönes Naturell, einen Fluß in einem so erstaunlichen Sturz fallen zu sehen und den Beginn eines endlosen Kanals gemacht. Man darf mitnichten fragen, woher das Wasser dieses Kanals stammt. Verzeihung, ich würde mich über vieles auslassen, da ich alles bis zur letzten Avenue geführt habe und, aus dem Wald kommend, heraustrat, um auf die Terrasse zu gelangen, was man mit einem Blick am Rand der großen Freitreppe sieht. Wenn ich mich ereifere, dann weil ich es zu der Person mit bestem Geschmack und ich je fand, sage: sehr wenige kennen die Schönheit der Gärten, noch der Bauwerke. Es ist nicht, Milors, daß ich Euch beweihräuchern möchte; das wäre nicht Euer Genre.

Jedes Detail dieses geliebten Ortes hat sich seinem Geist eingeprägt und beschert ihm Glück, obwohl er seit zehn Jahren oder länger dort nicht mehr herumgelaufen ist. Und sein Schlußsatz klingt wie ein Appell:

Erinnert Euch an alles, was Ihr an Gärten in Frankreich gesehen habt, Versailles, Fontainebleau, Vaux-le-Vicomte und die Tuilerien, und vor allem Chantilly.

Er muß die Architekten beneiden, die in Stein arbeiten, löst dieser sich doch nicht so leicht auf im Laufe der Zeit wie die Anordnung von Alleen. Er weiß wie kein zweiter um das Ephemere der Gärten. Drei Monate im Frühling ohne Pflege, und schon verschwindet das Werk von dreißig Jahren unter Dornen und Gestrüpp.

Die Sorge um die Ewigkeit versteht man bei einem Gärtner, wenn es aufs Ende zugeht, besser als bei jedem anderen. Seine letzten Schritte führen ihn meist nach Sankt Rochus. Peinlich genau, wie in allen Dingen, bereitet er seinen Aufenthalt dort vor. Ein in der Andreas-Kapelle ausgehobenes Grab. Keinerlei Wappen, aber eine bei Coysevox in Auftrag gegebene Büste. Die Grabschrift soll in schwarzen Marmor gemeißelt und am ersten Pfeiler angebracht werden:

Zum Ruhme Gottes
Hier ruht der Leib André Le Nostres,
Ritter des Sankt-Michael-Ordens;
Ratgeber des Königs, Generalkontrolleur
der Bauten seiner Majestät, der Künste und
Manufakturen Frankreichs

und Verantwortlicher für die Verschönerung
der Gärten von Versailles
und anderer Königlicher Residenzen.
Die Kraft und Weite seines Genies machten
ihn so einzigartig in der Gartenkunst dass man
ihn ansehen kann als Erfinder der
Hauptschönheiten und den, der alle anderen zu
höchster Vollkommenheit führte.
Er entsprach in gewisser Weise durch die
Grossartigkeit seiner Werke der Grösse
und Grossartigkeit des Monarchen,
dem er diente und von dem er mit Wohltaten
überhäuft wurde.
Nicht allein Frankreich hat von seinem
Fleiss profitiert. Alle Fürsten Europas wollten
Schüler von ihm haben.
Er hatte keinen Gegenspieler, der ihm wäre
vergleichbar.
Er wurde geboren im Jahre 1613 und verstarb im
Monat September der Jahres 1700.

Verfaßte er selbst dieses Epitaph und überließ dem Schicksal nur noch die Aufgabe, das Enddatum einzusetzen? Es würde mich nicht wundern. Er war von gelassenem Hochmut, was nicht heißt, von geringem.

Auch die lobenden Grabreden sind fertig. Er weiß, daß jeder ihn liebt, sogar dieser Nörgler von Saint-

Simon, und daß man ihn beweinen wird, der König als erster.

Es fehlt also nichts mehr, jetzt muß gestorben werden.

15. September 1700. Vier Glockenschläge hallen in den Morgen. Le Nôtre ist gegangen. Er zieht gen Himmel, den er mit Hilfe von Wasserspiegeln und großen Perspektiven so oft in seine Gärten lud.

Alles Weitere bleibt, wie jeder weiß, Geheimnis.

## Anmerkungen

1 Japan versuchte von 1592–98 Korea zu erobern.
2 Maximilian von Bethune, Baron von Rosny, ab 1606 durch Heinrich IV. *Herzog von Sully* und Finanzminister.
3 *François Ravaillac* (1578–1610) wird 1610 zum Mörder Heinrichs IV.
4 Um durch die Frühzeit des Parks zu schlendern, gibt es keine bessere Begleitung als Geneviève Bresc-Bautiers *Jardins du Carrousel et des Tuileries*, op. cit.
5 Bernard Palissy (1510 bis 89 oder 90, Angaben unterschiedl.), berühmt für seine emaillierte Keramik, verziert mit Tieren, Pflanzen, Früchten, die täuschend echt aussehen. In franz. Museen sind ‹Palissyschüsseln›, die sog. *Rustiques figulines* zu bewundern.
6 Philippe Comar, La Perspective en jeu, op. cit.
7 Marin Mersenne (1588–1648), Paulanermönch, Mathematiker und Musiktheoretiker
8 Thierry Mariage, *L'Univers de Le Nostre*, op. cit.
9 Philippe Comar, *La Perspective en jeu*, op. cit.
10 Thierry Mariage, op. cit.
11 zitiert bei Thierry Mariage, op. cit.
12 Vauban (1633–1707), berühmter Festungsbaumeister und ‹Generalinspekteur der Festungen Frankreichs›, aber auch Volkswirtschaftler und als solcher Kritiker der Politik Ludwigs XIV.
13 Allen S. Weiss, *Miroirs de l'infini*, op. cit.

14 Jean-Christian Petitfils, Louis XIV, op. cit.

15 Grande Mademoiselle: Anne-Marie d'Orléans, Duchesse de Montpensier (1627–93). Nahm aktiv am Aufstand der Fronde teil und ließ beim Kampf um den Faubourg Saint-Antoine von der Bastille aus feuern, um Condé den Rückzug zu sichern (1652).

16 Monsieur, Philippe de France (1640–1701), duc d'Anjou, duc d'Orléans, Bruder des Königs.

17 José Cabanis, *Saint-Simon l'admirable*, op. cit

18 Jean-Christian Petitfils, Louis XIV, op. cit.

19 Colbert, Jean-Baptiste (1619–83), ‹Oberintendant der Finanzen›, Leiter der Wirtschaftspolitik und inneren Verwaltung sowie ‹Superintendant des Bauwesens›.

20 Es ging um die Formulierung von Inschriften auf Fassaden von Triumphbögen und öffentlichen Bauwerken, auch auf Münzen geprägt.

21 Philippe Beaussant, *Versailles, Opéra*, op. cit. und *Louis XIV. artiste*, op. cit.

22 Boussuet, Prälat, Prediger, Schriftsteller (1627–1704). Erzieher des Dauphin, für den er den ‹Discours sur l'histoire universelle› schrieb. Unterstützte mit seiner vehementen Ablehnung des Protestantismus Ludwigs Religionspolitik.

23 Jean-Marie Apostolidès, *Le Roi-machine*, op. cit.

24 Pierre de Nolhac, *Les Jardins de Versailles*, op. cit. Ernest de Ganay, *André Le Nôtre*, op. cit.

25 Die ‹Plaisirs de l'île enchantée› sind ausführlich beschrieben bei *R. Alewyn/K. Sälzle: Das große Welttheater. Die Epoche der höfischen Feste*, ro-ro-ro-Taschenbuch, Hamburg 1959, S. 98ff.

26 Etienne de la Boétie (1530–63), Jurist und Schriftsteller, Freund Montaignes, der La Boéties Xenophon- und Plutarch-Übersetzungen sowie dessen lateinische und französische Gedichte herausgab (1571–72).

27 L. A. Barbet, *Les Grandes Eaux de Versailles*, op. cit.

28 *Louvois*: François Michel Le Tellier, Marquis de Louvois (1639–91), Reorganisator der franz. Armee, schuf Ingenieurscorps, Kadettenschule und das Hôtel des Invalides. 1672–89 Außenminister, verantwortlich u. a. für die Verwüstung der Pfalz (1689) und die drakonischen Maßnahmen gegen die Hugenotten. Ab 1683 – nach Colberts Tod – ‹Superintendant des Bauwesens, der Künste und Manufakturen›.

29 L. A. Barbet, op. cit.

30 In Marly-le-Roi baute Ludwig XIV. ein Lustschloß, das in der Revolution zerstört wurde.

31 Alfred Mousset, *Les Francine*, op. cit.

32 Michel Corajoud, Jacques Coulon und Marie-Hélène Loze: *Versailles*, op. cit.

33 *Saint-Simon*, Louis de Rouvroy, duc de Saint-Simon (1675–1755) schildert in seinen berühmten ‹Mémoires› (1694–1723) das Leben am Hofe Ludwigs XIV. und porträtiert darin die großen Persönlichkeiten seiner Zeit.

34 Ernest de Ganay, *André Le Nôtre*, op. cit. und Bernard Jeannel, *Le Nôtre*, op. cit.

35 Bernard Jeannel, op. cit.

36 Louis II., Prinz von Condé, Herzog von Bourbon (1621–86). Ursprünglich die Stütze des Hofes, von Anne d'Autriche und Mazarin, dann Mazarins Gegenspieler. Hatte 1643 die spanische Infanterie geschlagen, sich unter der Fronde aber kurzfristig mit Spanien liiert.

37 Thierry Mariage, op. cit.

38 Ernest de Ganay, op. cit.

39 Mit Spannung liest man Marc Fumarolis unvergleichliche Studie *Le Poète et le Roi*, op. cit.

40 Zitiert von Jean-Michel Delacomptée in *Racine en majesté*, op. cit.

41 Françoise-Athénais de Rochechouart, *Marquise de Montespan* war eine der Mätressen des des Königs.

42 Louise de La Vallière (1644–1710), Favoritin Ludwigs XIV.,

hatte vier Kinder mit ihm. Nach 13 Jahren am Hofe verbrachte sie 36 im Karmel (ab 1674).

43 Paul-Heinrich Dietrich oder: Paul-Henri Tiry, *Baron d'Holbach*, (1723–89) Philosoph pfälzischer Herkunft, Atheist, Mitarbeiter an Diderots ‹Encyclopédie› und Verfasser der sog. Bibel des Materialismus.

44 Ernest de Ganay, op. cit.

(Alle Anmerkungen, die keine bibliographischen Angaben enthalten, stammen von der Übersetzerin.)

## Schuldeingeständnis

Jedes Buch entsteht aus anderen Büchern. Und um dieses hier zu schreiben, durchforstete ich weit mehr Seiten als Alleen. Diesen Führern schulde ich mehr als Dank, schulde ich Freundschaft. Sie machten mir unser Goldenes Zeitalter zum Geschenk. Trotz Racine, trotz Molière und La Fontaine, trotz der vierzig Jahre wöchentlicher Spaziergänge entlang des Großen Kanals hatte ich aus Schulzeiten nur eine Karikatur des XVII. Jahrhunderts im Kopf: ein Monument aus Marmor, verriegelt durch Religion, versteinert durch Etikette, erdrückt von Langeweile. Dabei birst es doch vor Leidenschaft, für die Vernunft wie für das Vergnügen, für Größe wie für Details. Diesen privilegierten Weggefährten sei Dank!

### *Zur allgemeinen Geschichte der Gärten*

Michel Baridon, Les Jardins, Paris 1998
Michel Conan, Dictionnaire historique de l'art des jardins, Paris 1995

### *Ein paar Bibeln*

Jacques Androuet du Cerceau, Plus excellents bâtiments de France, 1576
Jacques Boyceau de la Barauderie, Traité du jardinage selon les raisons de la nature et de l'art, 1638

Salomon de Caus, La Perspective avec la raison des ombres et des miroirs, 1612
–, Hortus Palatinus, 1620
Antoine-Joseph Dézallier d'Argenville, La Théorie et la pratique du jardinage, 1709
Claude Mollet, Théâtre des plans et jardinages (posthum), 1652
Olivier de Serres, Théâtre d'agriculture et mesnage des champs, 1600

### *Über Le Nôtre*

Pierre de Nolhac, Les Jardins de Vesailles, Paris 1906
Ernest de Ganay, André Le Nôtre, Paris 1962
Bernard Jeannel, Le Nôtre, Paris 1985
Thierry Mariage, L'Univers de Le Nostre, Brüssel 1990

### *Über die Wissenschaften und Techniken der Zeit*

L.A. Barbet, Les Grandes Eaux de Versailles, Paris 1907
Philippe Comar, La Perspective en jeu, Paris 1992
Bertrand Gille, Les Ingénieurs de la Renaissance, Paris 1964
Erwin Panofsky, Perspektive als «symbolische Form», Leipzig 1924
Allen S. Weiss, Miroirs de l'infini. Le jardin à la française et la métaphysique aux VII ème siècle, Paris 1992

### *Über Ludwig den XIV. und Versailles*

Jean-Marie Apostolidès, Le Roi-machine, Paris 1981
Hubert Astier, Versailles, parc et château, Paris 2000
Philippe Beaussant, Versailles, Opéra, Paris 1981
–, Louis XIV artiste, Paris 1999
–, zusammen mit Patricia Bouchenot-Déchin, Les Plaisirs de Versailles, Paris 1996

José Cabanis, Saint-Simon l'admirable, Paris 1974
Michel Déon, Louis XIV par lui-même, Paris 1991
Marc Fumaroli, Le Poète et le Roi, Paris 1997
Pierre-André Lablaude und Jean-Pierre Babelon, Les Jardins de Versailles, Paris 1995
Thierry Mariage, Trianon, l'autre côté du rivage, Paris 2000
Jean-Christian Petitfils, Louis XIV, Paris 1995
Voltaire, Le Siècle de Louis XIV, Paris 1971

### *Über die Tuilerien*

Geneviève Bresc-Bautier und Denis Caget (in Zusammenarbeit mit Emmanuel Jacquin), Jardins du Carrousel et des Tuileries, Paris 1996

### *Über das XVII. Jahrhundert*

François Bluche, Dictionnaire du Grand Siècle, Paris 1990
Robert Mandrou, La France aux XVII ème et XVIII ème siècles, Paris 1971
Paul Morand, Fouquet ou le Soleil offusqué, Paris 1961
Außerdem die Werke von La Fontaine, Saint-Simon, Racine, Molière, des Kardinal de Retz, Tallemant des Réaux und Charles Perrault (Les Mémoires de ma vie)

### *Ein paar weitere Begleiter auf meinem Spaziergang*

Gaston Bachelard, L'Eau et les Rêves, Paris 1942
Michel Corajoud, Jacques Coulon und Marie-Hélène Loze, Versailles: lecture d'un jardin, Paris 1982
Jean-Michel Delacomptée, Racine en majesté, Paris 1999
Michel Fleury, in Zusammenarbeit mit Guy-Michel Leproun und François Monnier, Almanach de Paris, Paris 1990

Anatole France, Vaux-le-Vicomte, Paris 1933
Jules Guiffrey, André Le Nôtre, Paris 1912
Alfred Mousset, Les Francine, Paris 1930
René Pechère, Grammaire des jardins, Brüssel 1995
Jean-Marie Pérouse de Montclos, Vaux-le-Vicomte, Paris 1997
Hélène Vérin, La Gloire des ingénieurs, Paris 1993

Und mein Dank gilt auch Jean-Baptiste Cuisinier, Direktor der École nationale supérieure du paysage, der meinen Sinn für das Glück durch Mathematik geweckt hat.